教师怎样说理才有效
——轻松教育学生的心理学智慧

李进成 著

中国轻工业出版社

图书在版编目（CIP）数据

教师怎样说理才有效：轻松教育学生的心理学智慧/李进成著. —北京：中国轻工业出版社，2019.11（2020.8重印）

ISBN 978-7-5184-2597-6

Ⅰ．①教… Ⅱ．①李… Ⅲ．①教育心理学 Ⅳ．①G44

中国版本图书馆CIP数据核字（2019）第168912号

总 策 划：石　铁
策划编辑：吴　红　　　　　　　　责任终审：杜文勇
责任编辑：吴　红　牟　聪　　　　责任监印：刘志颖

出版发行：中国轻工业出版社（北京东长安街6号，邮编：100740）
印　　刷：三河市鑫金马印装有限公司
经　　销：各地新华书店
版　　次：2020年8月第1版第2次印刷
开　　本：710×1000　1/16　印张：17.25
字　　数：150千字
印　　数：3001—6000
书　　号：ISBN 978-7-5184-2597-6　定价：52.00元

读者热线：010-65181109，65262933
发行电话：010-85119832　传真：010-85113293
网　　址：http://www.chlip.com.cn　http://www.wqedu.com
电子信箱：1012305542@qq.com

如发现图书残缺请与我社联系调换

190266Y1X101ZBW

前 言
PREFACE

本人的专著《教师怎样说话才有效》《不怕学生搅局——教师的教育机智修炼之道》(以下简称《不怕学生搅局》)和《班主任有效沟通的艺术与技巧》出版后,很受广大一线教师的欢迎,大家较为一致的评价是这几本书既有理论高度,又非常接地气。"高度"是指这几本书可以提升教师的认知水平和认知视野;"接地气"是指这几本书从具体的案例出发,给教师提供了可以直接借鉴的方法、技巧和语言模式。很多老师告诉我,书中的很多案例都反映了他们平时遇到的问题,但是我不同的分析角度和处理方式让他们打开了眼界,他们尝试用我书中写的一些语言模式和学生沟通,都取得了之前难以想象的效果。之前处理这些事情时,他们总是暴跳如雷,但现在他们发现自己也可以做到春风化雨、润物无声,越来越能感受到教育的魅力,越来越能体会到职业的幸福感。

也有老师告诉我,《不怕学生搅局》这本书里提到的很多方法和技巧都特别适用,但是读完之后,自己却难以形成一个整体的认知,同时感觉"搅局"这个提法存在对学生行为评价上的主观偏见。结合读者的意见,为了让读者更好地把握书的精髓,也为了避免教育理念因为字眼上的原因而引发老师的误解,经过和出版社协商,我决定对该书进行改版,把书名更换为《教师怎样说理才有效——轻松教育学生的心理学智慧》(以下简称《教师怎样说理才有效》)。具体考量如下:

①照顾原版的内容。《不怕学生搅局》(第一版)是针对教育中经常遇到的一些具有"叛逆思维"的学生而写的,对这样的学生既不能简单打压,也不能一味顺从,这两种方法都不符合教育规律。为了体现教师教育的主导性和学生受教育的主体性,该书从教师的教育机智入手,以学生的成长发展为目标,从而帮助教师在学生"搅局"的表象中看到教育的真谛,找到教育的真经。这样的教育方式主要以说理为主,旨在用科学的说理方式达到高效的教育效果,所以在第二版中,我将撰写的主题定位为如何"说理"。

②照应《教师怎样说话才有效》。《教师怎样说话才有效》是从教师的工作领域出发,针对不同的情况下教师该如何说话而撰写的。《不怕学生搅局》的读者比较多,将这本书更名为《教师怎样说理才有效》有利于其与前一本书形成系列图书,对读者系统、全面地理解几本书中的教育精髓有帮助。

③突出心理学智慧。本书主要关注学校中的一些学生的"搅局"行为问题,这些问题是绝大多数教师都会经常遇到的。教育要遵循学生的认知规律和身心发展规律,所以解决类似的问题还是需要从心理学中找答案。本书借鉴了积极心理学和心理咨询的理论及技巧,所以我在书名里加了一个副标题——"轻松教育学生的心理学智慧"。

根据读者的反馈和内容的需要,为了帮助一线教师建立更系统、更科学的认知,本书从内容上分为两大板块:理论篇和实践篇。理论篇为本版新增内容,实践篇与前一版基本一致。

理论篇分为五个篇章。

第1章是从当下很多教师在说理时常出现的问题出发,总结了教师常见的一些问题,目的是引发教师从自身进行反思。当前主要存在的问题是问题归因有误、时机选择不当、场合选择不宜、缺乏情感共鸣、一味灌输道理、缺乏教育智慧和专业知识不足。特别是一味道理灌输、误把讲道理当教育,这是当前很多教师在教育学生时存在的通病。

我经常说"有效果比有道理更重要",那么影响说理效果的因素到底有哪些呢?第2章就是从影响说理效果的因素出发,本着系统论的思维来科学全面地分析这些因素的相互影响。首先是强调教师的作用,确定教师是有效说理的主导。沟通的效果是由说话者主导、由听者决定的。在教育这个系统里,教师一定不能忽视自己的主导地位,这样才可以积极地寻求突破。其次,围绕教师的主导地位,我提出了教师的人格魅力、思维模式、心理状态、非文字语言,以及环境的影响、教育的目标导向等因素,以引导教师在给学生说理时全面地考虑问题,而不是强调单一因素。

教师对学生、家长、同事说理,一般情况下都是想说服对方,让对方在认知、观念、行为等方面做出改变。那么行为是怎样改变的呢?第3章就是对影响行为以及转变的因素进行分析,以帮助教师找到有效说理的途径。本章重点从行为导致结果、结果影响选择,发现学生的真正需求,用符合学生的激励策略谈话,考虑对方的讯息接收模式,价值观是说服的关键环节,情感的融入使说理效果倍增,增加内在影响、不要简单控制等因素出发,客观分析了让一个人行为发生改变的关键因素,为有效说理提供了理论支持。

思路决定出路,思维模式决定行为方式。对于不同的问题需要采取不同的思维策略,那么教师说理的常见思维模式有哪些呢?我根据多年的经验和理论分析,在第4章中提炼了教师的十个思维模式,仅供教师们参考:分析行为,看到后果;换位体验,引发感知;明晰目标,调整行为;分析因果,洞察自己;归责归因,系统分析;透视表象,觉察真义;顺应推理,自我矛盾;联想类比,隐喻启迪;三赢思维,顾全大局;加法思维,指向成长。

一切有效的教学方法都需要能力做基础,很多深刻的道理和充满智慧的教育方法在有些教师那里会变得一文不值、毫无作用力,原因是这些教师的内在能量较弱,缺乏使用这些教育方法的能力。所以我在第 5 章中提出了教师说理需要的四种能力：亲和力、聚焦力、觉察力和变通力。如果一个教师拥有这四种能力，那么很多教育智慧都有可能随时闪光，学生的任何行为都有可能成为其教育智慧的源泉。

实践篇大体分为两个部分：教师如何丰盛自己的思想以及机智巧妙地应对学生"搅局"行为的技巧。

教师的思想状态是根本的问题，我发现，很多被教师认为是"搅局"的行为，恰恰是学生思维亮点的体现，只是因为这些学生的思想和教师的标准不一致，所以他们才不被教师接纳，甚至被打上"捣乱"的烙印。这样不但会破坏良好的师生关系与和谐的教育教学氛围，更严重的还可能会使学生的创造力和个性受到压抑，进而影响孩子的一生。因此，本篇的第一章就是"丰盛自己：心大了，事就小了"，提出"爱心、耐心、包容、理解"等常规的却又实实在在的标准。很多教育专家也提出了这些要求，但是很少有专门的书籍对如何做到"爱心、耐心、包容、理解"做深入的探讨，本书分专门章节详细探究教师如何丰盛自己的思想蓝图、拓宽自己觉察问题的视野，从而让自己找到更好的问题解决方法。

神经语言程序学（Neuro-Linguistic Programming，简称 NLP）认为：问题不是问题，对待问题的态度才是问题；事情本身没有意义，是思考赋予了它意义。因此，对于客观存在的"学生行为"，我们用什么样的信念和价值观来进行评判，又用什么样的态度来面对才是关键。本书从"情绪 ABC"理论开始探究"信念"对事件的影响，告诉教师在处理问题之前要"放下我执"，用空杯心态看问题，不受先入为主看法的影响，然后用"置换位置""理解层次""重定意义""重定焦点"等神经语言程序学技巧找到更多问题的真相，从而改变自己的信念和价值观，让自己对问题的认识更真实、更科学。

影响问题处理效果的另一个重要因素就是"情绪"。很多时候，教师在处理学生的"搅局"行为时，不是在处理问题，而是在发泄自己的情绪，目标错了，方法自然无效，于是就出现了"越处理，问题越复杂"的局面。也有人说"某些教师就是制造问题的专家"。因此，本书对教师如何控制情绪也做了专门的探讨。作为教师，我们要有丰富的情感资源，本篇专门用一章的内容来教教师建构自己的"情感银行"，又针对教师产生情绪的现象分析了"情感密码"，指出爱和爱的方式是不同的，引导教师用正确的方式来表达爱。

看别人不顺眼，实际上是自己的修养还不够。"口乃心之门户"，因此，控制情绪要从内心修养开始。如果说"眼睛是心灵的窗户"，那么语言就是心灵的代言，表情就是心灵的形象。控制情绪其实就是控制自己的语言表达方式和面部表情。

本书十分注重指导教师丰富自己处理问题的方法和技巧，这些方法和技巧大大地丰富了教师处理问题的手段。我一直强调"以道御术"，教师不要为具体的方法和技巧所局限，应用方法和技巧的前提就是自己要有"道"，这个"道"就是对教育的深度理解。

为了便于教师更直观地理解本书的内容，实践篇的每个章节都有"案例导入""方法探究""应用实例"这几个部分，案例都是现实生活中教师遇到的典型问题，本篇在对案例进行分析的基础上总结方法和技巧，然后结合应用实例来具体展示如何应用这些方法和技巧。为了能更好地帮助教师提升自己，我在每个章节的开头增加了"慧心慧语"，希望用富有启发性的语言不断丰盛教师的思想；每个章节的后面也增加了"启智故事"，希望用故事来启迪读者的心灵。

总之，本书通过归纳演绎的方式指出了教师在说理过程中存在的主要问题，影响教师说理效果和学生行为改变的主要因素，以及教师在说理过程中常见的思维方式，结合有关教育理论和心理学理论，借助于神经语言程序学的主要技巧进行理论升华，引导读者从案例中归纳出一般规律，进而提升其理论水平。

实践篇以引导读者丰盛思想和扩展觉察视野为主要目标，致力于使读者不但能够认识问题，还能够提高自己处理问题的能力，从而找到走出困境的方法。

建议读者在阅读本书的时候，不要把各章节的内容隔离开来，而要融会贯通。分章节、分方法来写是为了让大家对每一点都有深入的了解，而在处理具体问题的时候，往往需要多种方法的综合应用。这就好像拳击手一样，练拳的时候从一个个分解动作开始学习，而到实战的时候往往需要打出组合拳。"应用实例"部分的案例往往包含了很多方法和技巧，读者可以根据自己的理解综合分析其应用了哪些技巧，这对于提升自己的教育智慧更有效果。"有效果比有道理更重要"，我们不必拘泥于具体的方法和技巧，只要瞄准需要解决的问题，设定需要达到的效果，然后机智灵活地应用各种方法和技巧，总会解决问题的。在这里，我更期待读完本书的老师，能够调动自己的教育机智，创造出更多的、更有效的教育方法。

由于本人能力有限，对某些问题的论述难免有疏漏或者不足之处，在此也恳请广大读者不吝赐教，提出您的宝贵意见。您的意见将是对本书、对教育的贡献。本人先表示诚挚的感谢，期待您阅读后的回音。

李进成
2019年5月于广州

目 录
CONTENTS

理论篇

第 1 章　说理时经常遇见的问题 …………………… 3
第 2 章　影响说理效果的因素 ……………………… 9
第 3 章　行为是怎样改变的 ………………………… 15
第 4 章　教师说理的常见思维模式 ………………… 22
第 5 章　教师说理需要的四种能力 ………………… 29

实践篇

第 6 章　丰盛自己：心大了，事就小了 …………… 39
第 7 章　情绪 ABC：改变对搅局行为的认识 ……… 48
第 8 章　放下我执：事实不一定等于真相 ………… 59
第 9 章　置换位置：多方面观察搅局行为 ………… 65
第 10 章　理解层次：从更高层次审视教育行为 …… 70
第 11 章　重定意义：发现学生行为的正面动机 …… 77
第 12 章　重定焦点：指向教育的终极目标 ………… 82
第 13 章　情感银行：获取更多的教育资源 ………… 92
第 14 章　情绪密码：用正确的方式表达爱 ………… 101
第 15 章　掌控情绪：建立教师的亲和感 …………… 107
第 16 章　维护尊严：保留学生的心理底线 ………… 113

第 17 章　学会欣赏：从搅局中看到价值……………121
第 18 章　结合抽离：更智慧地看待学生的搅局………127
第 19 章　置换背景：改变彼此的固有见解……………136
第 20 章　接纳情绪：改变学生的内在感受……………143
第 21 章　重定因果：寻找学生搅局的真相……………151
第 22 章　增强发问：打破搅局的思想局限……………157
第 23 章　步步为营：不给搅局者留退路………………166
第 24 章　先跟后带：让搅局的学生失去"斗"力……172
第 25 章　幽默调侃：搅局的时候不尴尬………………178
第 26 章　一针见血：挖掘搅局者内心的"小"………183
第 27 章　曲径通幽：让搅局者在故事中觉醒…………188
第 28 章　时空穿越：改变感受就会改变行为…………196
第 29 章　权衡利弊：把选择的权利还给学生…………210
第 30 章　模仿卓越：用正面形象引导学生成长………219
第 31 章　坦然接受：应对学生的夸张赞美……………228
第 32 章　语言模式：巧妙化解学生的搅局……………234
第 33 章　系统平衡：让教育方法更科学………………242
第 34 章　灵活变通：丰富教师的教育方法……………250
第 35 章　重新编程：建立高效的思维模式……………256

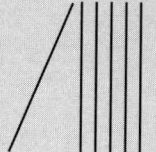

理论篇

第1章
说理时经常遇见的问题

我经常听到有的教师这样抱怨：什么道理都给他讲了，就是不听；那么多教师都给他讲了，就是没有改进，等等。我想类似的事情很多教师都遇到过、经历过，那么为什么教师一腔热血的谆谆教导却换来学生的冷漠、嘲笑、甚至愤怒呢？为什么那么正确的人生真理讲给学生听，学生就是不接受呢？当前教师说理常见的问题有哪些呢？根据我多年的工作经验和理论研究来看，教师在给学生讲道理的时候，常常存在以下一些问题。

1. 问题归因有误

学生出现一些问题，往往是多种因素共同作用的结果，如果我们只是简单归责于学生的行为、品格、情感等，很难让学生信服。例如，学生无法按时完成作业，这只是一个结果，而影响结果发生的因素可能有很多，如作业量太大、作业难度太高、各科作业冲突、学生家庭突然有一些变故、学生有其他紧急事情要处理等，如果教师没有了解准确、详细的情况，又缺少倾听的耐心，或者受过去经验的影响，直接做出武断的判断并严厉地批评学生，讲一些老调的、被称为"正确的废话"的道理，那么这样的教育就很难有效，甚至学生会看轻教师。

对于有些问题，只看结果好像是学生出现错误，是学生屡教不改，可是用系统的眼光来看问题，就会发现管理机制、评价方法、人际关系等方面可能存在问题。譬如，电视剧《都挺好》里，苏明玉被二哥苏明成打了之后，执意要走法律程序，让二哥坐牢。然后家人和同事都给她讲道理、替明成求情，告诉她一旦走法律程序，二哥就要被判刑，留下案底，二哥一辈子都会受影响。各种道理都合情合理，可是明玉听后却更加愤怒，为何？这样的道理难道明玉不明白吗？她要的只是一份公平、一份理解、一份关怀，可是大家忽略了生活中的复杂因素，只用片面的眼光看待这件事情，只针对二哥是否会被判刑以及对其今后的影响这个简单的视角来讲道理，其效果怎么会好呢？生活中的很多因素是错综复杂、互为因果的，如果我们缺失系统的思维，只是简单地就事论事，那么这样的道理往往不会被接受。

所以，教师在给学生讲道理的时候，要学会用系统思维和辩证思维来分析，把归责和归因适当区分，让教师的道理更客观，这样学生才更容易接受。

2. 时机选择不当

正确的道理也要选择合适的时机来讲，时机不对，效果也往往会大打折扣。一个高中生和他的同学关系不好，他认为同学嫉妒他、欺负他。有一次他又和同学发生了矛盾，气冲冲地来找我，表示要以暴制暴，想找人来替他出气。这个时候他需要的是理解和安慰，如果我不分时机，开始给他讲和为贵的道理，讲团结、包容、理解、关爱，那么无论道理多么正确，这个学生都很难听进去，甚至会感觉我包庇其他同学，进而把同学之间的矛盾和不满情绪投射到我这里。如果先给这个学生足够的理解和安慰，等他气消之后，回归理性，再适当引导，我想他一定会理性思考，选择合理的处理方式。

当学生正在投入地做一件事情，或者遇到开心的事情时，如果不合时宜地给学生讲一些与当前的事情毫无关系的道理，那么学生也一定感觉很烦，这样的道理即使再正确，也很难进入学生的内心。例如，学生在某次考试中取得了好成绩，很开心，甚至出现了一点骄傲情绪，如果教师一本正经地对他说"满招损，谦受益"，开始一段人生道理的谆谆教导，想想学生会有何感受。

给学生讲道理，也不要总是旧事重提，让学生感觉老师对他记仇，总是关注他的过去和不足，自己得不到老师的理解和鼓励，这样讲道理也没有效果。所以，有些事情要及时处理，不要过去很久了，再旧事重提。

3. 场合选择不宜

人与人之间的交流是要注意场合的，如果场合不对，道理就会起相反的作用。例如，网上有这样一个笑话：在谢师宴上，某同学满怀感激之情地说："老师，我必须敬你一杯，你每次讲完题目之后，都会问我听懂了没有。"结果老师很不注重场合地说："其实我是觉得，你要是明白了，大家就都明白了。"虽然这个笑话可能会有杜撰的成分，但也很能说明问题：即使再正确的语言，如果不符合场合，也会闹出笑话。

人之本性告诉我们，每个人都是在乎自己尊严的，如果教师不顾及场合，当众批评学生，无论他的批评多么正确，都可能激发学生的对抗意识。

有一次我上课提问一个学生，该学生在小学、初中久受历练，面对各种老师的批评和教育毫不在乎，顽劣十足。再加上他的父亲为地方官员，他的底气也很足。面对我的提问，他表现得很不耐烦，并且傲慢地对我说："我什么都不怕！"在课堂上，如果老师和学生公开较劲儿，老师很难通过师道尊严来压制住学生，更重要的是会打乱课堂进度，制造紧张的课堂气氛，同时让其余的学生跟着这个学生受损失。于是我微微一笑说："你真的什么都不怕吗？那你怕不怕站到讲台上来？怕不怕面对同学做一个微笑？怕不怕当众总结自己身上的十个优点？"结果这个学生身上的戾气顿时消失，老老实实地配合我的提问。本来因学生桀骜而造成的紧张气氛顿时化解，其他同学也一下子放松下来，课堂教学正常进行。

如果这个时候我不顾及场合，长篇大论地给学生讲尊重、讲理解、讲为人处世等，想想效果如何。经常有教师在课堂上被学生的某些行为激怒，放下正常的教学内容不顾，因为一个学生的不当行为开始给他滔滔不绝地讲人生道理，不但没有得到他的理解，反而会激起其他学生的不满。

4. 缺乏情感共鸣

教育是一个动之以情、晓之以理的艺术，情感在前，道理在后。如果教师缺乏与学生的情感共鸣，只是枯燥地讲道理，那么这样的教师一定不会受学生欢迎。亲其师，信其道。一个不受学生欢迎的教师，他讲的道理能有效果吗？鬼谷子说："说者听，必合于情，故曰：情合者听。"说话想要让人听从，就必须与人情感共鸣，心意相通，所以只有具备共情能力的人才会有说服力，才会让人接受。白居易说："感人心者，莫先乎情。"因此，触动心灵的教育才是最成功的教育。触动心灵的最大法宝就是动之以情，和学生产生情感共鸣。如果教师想要说服学生，做到让学生心服口服，就要学会共情，学会用自身的情感潜移默化地感染别人，如此自然就能提高说服力。很多时候，学生只是想在教师这里获得一份理解，得到一份安慰和鼓励，而并不是他们不懂得道理。

5. 一味灌输道理

目前常见的单调说理有三部曲：讲正确的人生道理；借"关爱"的名义批评；用情感征服，要么发脾气威胁，要么情感绑架。

这样"讲道理"的教育模式，是单边灌输思维模式在作怪，这样的模式很容易使老师陷入教育的困境，这几乎成了很多教师的通病。当然，造成这种通病的原因也是多方面的，中国传统的教育模式都以说教为主，目前大部分教师也是在说教的模式下被培养出来的，养成了对"讲道理"的偏好，甚至形成了思维定式。

在这样的说理模式下，教育者和被教育者被简单弱化为告知者和被告知者的关系，说理成了明白人和不明白人的对话。教育者站在道理的制高点，借正确的道理进行无情的鞭挞，自己讲得理直气壮，而被教育者被置放在蒙昧无知的位置，内心的感受不被理解、不被尊重，甚至尊严丧失。在这样的互动关系中，被教育者在潜意识里就会产生抗拒心理，让教育效果大打折扣。

一个很优秀的高三女生，在离高考还有两个月的时候很紧张，因为听某位老师说，有的同学平时成绩很好，可是到高考考场上就可能发挥失常，她担心自己也会这样。于是，她越想越紧张。这个时候，如果老师不能和学生在情感上保持一致，只是一味地给她讲各种道理，如要自信、要相信自己等，就很难说服她，也很难解除她的顾虑。于是我先表示理解，然后和她分享我当年高考时的心理状态，说自己也很紧张。为什么会紧张呢？是因为自己足够重视，把高考看得很重要，因为重视，所以紧张。当听说老师当年也很紧张的时候，她的心情放松了很多。同时我告诉她适度紧张是好事，我之前的成绩为什么比较优秀，就是因为保持了适度的紧张，要允许自己保持适度的紧张状态。同时我又通过一些方法，让她看到真正影响考场发挥的因素，帮助她把考试状态和自信、放松的心态培养出来，这个学生的心态就趋于平和了。结果高考时她发挥正常，取得了很理想的成绩。

6. 缺乏教育智慧

有些教师在教育学生的时候方法过于单一，缺乏教育智慧，只是一味地强调道理的正确或者规章制度的重要，对学生的行为总是进行严肃而认真的批评，还美其名曰"负责任"。其实，教育是一门充满智慧的职业，当教师发自内心地关心学生，为了学生的发展考虑，就不会被具体的行为遮蔽慧眼，而是可以曲径通幽地达到理想的教育效果。

一个比较漂亮的女孩经常穿拖鞋进教室，甚至赤脚踏在地板上。于是我给她留了一张纸条："你很漂亮并且很在乎自己的形象，这是好事，希望你能保持自己的淑女形象。可能是由于南方的天气原因，也可能是由于生活习惯问题，所以你不在乎穿拖鞋。但我们是受过教育的高中生，如果在公共场所穿拖鞋是很不雅观的。而且地板很冷，对女生的身体健康不好。"学生看完纸条之后冲我莞尔一笑，她再也不在教学区穿拖鞋了。

如果我很严肃地批评她，说她违反了规章制度、缺乏修养等，那么这样的说理和前面的做法哪个教育效果更好呢？"有效果比有道理更重要"，只要教师瞄准教育效果，不固执于具体的教育方式，多从不同的角度、视野来看待问题，激发教育智慧，说理效果就会越来越好。

7. 专业知识不足

2012年教育部颁发的《中学教师专业标准（试行）》和《小学教师专业标准（试行）》明确指出：要认同教师的专业性和独特性。这意味着教师是高度专业化的群体，需要掌握很多的专业知识和技能。学者未必是名师，一个人拥有丰富的学科知识并不一定就可以教好书，他还必须具备一定的教育专业知识和技能。教师的专业标准就规定教师要掌握教育的基本原理和方法、要了解学生的身心发展规律、要用符合学生身心特征的教育方式，等等。所以，一个会讲道理的教师一定要有丰富的教育学、心理学知识，同时还要具备一定的表达能力和语言技巧，这样才可能把道理讲得深入浅出，讲到学生的心坎里。

第 2 章
影响说理效果的因素

作为一个教育工作者,在教育学生的时候不可能不给学生讲道理,第1章总结了教师在说理时的常见问题,那么,主要有哪些因素影响说理的效果呢?教师们该从哪些方面来提升自己说理的效果呢?

1. 教师是有效说理的主导

我们首先要明确在师生互动中师生的关系及地位,课堂教学中所提倡的"教师主导、学生主体"的师生关系,在教师教育学生的互动关系中同样适用。也就是说,教师应该担负起讲道理的主导角色,是否有效的关键在于教师,而不在于学生。影响学生成长的因素很多,尤其是家庭因素,所以对于价值观、人生观还不成熟的学生来说,他们会呈现出很多的问题。而教师在人生观、价值观、世界观方面比较稳定,知识储备相对充足,人生阅历相对丰富,对事情的理解相对深刻和理性,教师要做学生锤炼品格、学习知识、创新思维、奉献祖国的引路人,既然是引路人,自然起主导作用。明确了这个定位,当教育工作不顺畅的时候,教师的思维方向不应该是埋怨学生有这样或那样的问题,而应该是在理解学生上增加深度,在问题分析上增加维度,在教育方式方法上增加灵活性,在语言表达上增加准确性。当一个教师习惯从学生的角度思考问题,多在方法上寻求突破的时候,他的说理能力必然会得到提升,说理效果也会越来越好。

2. 教师的人格魅力

同样的道理由不同的教师说出来，学生的反应可能不同。俗话说：人微言轻。对学生来讲，教师在他们心中的位置直接影响其说话的分量。而影响教师在学生心中位置的重要指标就是一个教师的人格魅力。

有一个从教多年的女老师，看其外表，并没有多少过人之处，论教学理论，她也不比其他老师高明多少。可是很多不听话的学生遇到她都变得很听话。有一次我和她交流，她讲了一个细节，可以回答为什么她的话在学生那里特别有分量。她说，有一年她新接手一个高三班级，班里有很多"刺头"，前任班主任不堪忍受，直接卸任。她接手后，很少对学生长篇大论，而是实实在在地为学生的学习、发展考虑。有一次班级做测验比较晚了，班里很多学生担心食堂里会没饭吃。结果测验之后，学生到食堂才发现，这个老师已经提前跟食堂的师傅沟通好，并且自费给班上的学生订了甜点。吃着热腾腾的饭菜时，每个学生内心的感动和对老师的认可在悄悄地蔓延。很多"刺头"男生都说，看到班主任温柔的眼神，想要捣乱的勇气都消失了。

让一个人脱掉大衣的最好方法一定是太阳的温暖而不是凛冽的狂风，打开锁的最好方式一定是懂心的钥匙而不是强大的锤子。当然影响教师人格魅力的因素很多，如丰富的学识、温暖的关怀、贴心的理解、特殊的技能，当一个教师拥有了强大的人格魅力时，他的教育效果就不言而喻了。

3. 教师的思维模式

思维模式直接影响教师对行为的认知和判断，这份认知和判断直接影响教师的教育方法，不同的方法直接影响学生的接受程度和今后的发展。例如，有一次一个职业学校的老师向我抛出了一个难题：她班的学生在学校卖烟，学校德育处抓到该生后要处理他。但该生不服，因为学校的规定是在学校里不能抽烟,他没有抽烟,只是卖烟,所以处理他是没有根据的。被学生如此一反驳,德育处的领导就说,买烟的学生肯定是抽烟的,如果你能说出是谁买烟,你就可以没事了。结果,该生很不配合,说他没有义务说出客户的名字,他要对客户负责。搞得德育处的领导没有办法,于是就让班主任做工作。该老师也是无可奈何,就向我咨询该怎样处理。

当时我就问该老师:你想要的结果是什么?她说让学生说出买烟者的姓名。我又问:如果是你,你会说吗?她立即摇头说,如果是她,也肯定不说。老师自己不愿意做的事情,却让学生去做,这样的教育会有效果吗?这样的教育思路,只会不断地制造问题。在老师眼里,学生难以管教,头疼不已;在学生看来,老师不懂自己,无法真正帮助自己,还总是找自己的麻烦,令自己痛苦不堪。这样的教育思路和教育效果不是我们需要的,却是在现实中广泛存在的。

那么,这个难题该如何解决呢?该校是职业学校,也有市场营销专业。我立即找到了该生行为背后的"正面能力":商业意识强,行动力强,善于抓住商机等。老师可以充分肯定该生的这些能力,然后可以让他组建一个学生社团——"营销公司",只是要在经营的范围内做一些改变,不卖烟,可以卖学生的必需品等,这样既培养了学生的能力,又增加了学生对老师、学校的认同感。而这样的教育,很可能会培养出一个未来的商业奇才。

思路一变,方法就变。该老师听我一讲,茅塞顿开,让她感觉"疑无路"的死结一下子变得"柳暗花明"。

因此教师的思维一定要灵活:多用换位思考,多站在学生的角度思考问题;多用辩证思维,避免简单粗暴;多用因果思维,找到影响效果的主要原因,透过现象看本质;多用正面思维,发现学生身上潜在的能力,促进学生成长。当教师的思维丰富了,讲道理的方法也就更灵活了。对于教师常用的思维模式在后面会有专门的讲解。

4. 教师的心理状态

很多时候不是教师没有方法、缺少智慧，而是教师被自己的心理状态影响了。当一个人内心充满负面情绪的时候，理智就没有了地位。俗话说"冲动是魔鬼"就是这个意思。我经常看到一些教师在教育学生的时候大呼小叫，并希望用自己的声音来压制学生。其实，当教师生气的时候，也就是证明自己教育无力的时候。这个时候无论多么正确的道理，在学生看来都是"耳旁风"，教师讲得唾沫横飞，学生却充耳不闻。一个会说理的教师一定是一个富有智慧的教师。所谓"智慧"，就是"智"+"慧"。所谓"智"，就是"日"和"知"的组合，即每天要多学习一些知识，富有更多知识的时候，教师也就有了更多的选择。所谓"慧"，就是"彗"和"心"的组合，"彗"即扫把，所以要经常打扫心灵，不要让心灵蒙上尘埃。当然我们无法像六祖慧能那样做到"本来无一物，何处惹尘埃"，但也要努力做到"时时勤拂拭，勿使惹尘埃"。尤其是面对未成年的学生，教师的心理状态一定要保持稳定，只有这样才能冷静分析问题，适当提高自己的教育站位，也只有这样才能做到不被表象迷惑，看到问题的本质，更好地引领学生成长。所谓"不畏浮云遮望眼，自缘身在最高层"，当一个教师的教育境界、内在修养高了，才更有利于保持平和的心态。

5. 教师的非文字语言

很多时候，单看一方讲的内容毫无问题，可是沟通效果并不理想，因为影响沟通效果的主要因素有讲话内容、语音语调、肢体表情等。从沟通效果上来讲，内容的影响只占7%，语音语调的影响占38%，肢体表情的影响占55%。这就可以解答，为什么讲话的内容没有问题，而沟通的效果却千差万别。很多教师在给学生讲道理的时候，只是注重自己讲了什么、为什么讲，而忽视自己讲话时的语气、表情、肢体动作。如此，虽然教师的动机很好、讲的道理很对，但学生可能听到的都是其他意思。还有一些缺乏教育智慧的教师，常常针对学生的行为大发雷霆，把学生批评得羞愧难当，然后还理直气壮地说"都是为了你好"，这样的批评教育、耳提面命效果会好吗？

6. 环境的影响因素

当教师教育学生的时候，一定要注意环境的影响因素。不同的环境可能直接影响说理的效果。例如，有一个学生内心非常困惑，这个问题涉及她的隐私，如果我和她在办公室这样的公开场合来分析她的问题，那么学生一定会有所顾虑。当学生心理不安全的时候，教师很多细微的分析都很难让她听进去。当然，我也不会选择完全封闭的环境，为了学生的心理安全，也为了保护自己，我会选择一个开放而幽静的环境和学生谈心。在开放而幽静的场合，学生的心理是安全的，可以更专心地和教师交流。根据学生的具体情况、事件的性质，教师在和学生谈话前可以从以下几个方面来考虑环境的影响因素：场所大小是否适宜，是在公共场所还是在封闭场所，是否有噪声等干扰因素，座位的安排和舒适度、场所的光度和温度、环境的色调是否恰当等。

7. 教育的目标导向

教育的根本任务是立德树人，是培养德智体美劳全面发展的社会主义建设者和接班人。2017年中共中央办公厅、国务院办公厅联合下发的《关于深化教育体制机制改革的意见》指出："……要注重培养支撑终身发展、适应时代要求的关键能力。在培养学生基础知识和基本技能的过程中，强化学生关键能力培养。"文件里还列出了四个关键能力：认知能力、合作能力、创新能力、职业能力。

根据党的教育方针，学校教育的任何一个环节都要立足于学生的成长发展，任何教育管理的根本目的都是为了学生的成长。但是目前还是有很多教师存在教育短视行为，在中高考的指挥棒下，教育的目标还仅仅停留在提高成绩和升学率的功利层面。这种功利化的教育很可能造成学生对教师教育行为的理解偏差，我记得自己当年教高三的时候，就有学生质疑教师的严格管理是为了获得更多的奖金，而不是真正为了学生着想。学生的认知无疑是错误的，教师也要从中反思，为什么自己如此辛苦地教育学生却无法得到真正的理解。

第 3 章
行为是怎样改变的

教师给学生讲道理，目的就是希望学生做出改变。但教育的现实是教师讲了多次的道理，学生依然我行我素。那么使学生行为发生改变的关键点在哪里呢？

1. 行为导致结果，结果影响选择

我们先看一个故事。

当年汾阳王郭子仪以副元帅的身份驻扎在蒲州，他的儿子郭晞担任尚书的职务，驻军邠州。结果一些懒惰、贪婪、凶残、邪恶的人混进郭晞的军队里，胡作非为，当地的官吏不敢干涉。段太尉却直接在闹市里把为非作歹的士兵就地正法，把他们的头都砍下来挂在长矛上，竖立在城门外。这个做法令郭晞全军营都骚动起来，士兵们纷纷披上了铠甲。而段太尉却只带一个老兵，独闯军营，先声夺人说："郭尚书难道亏待你们了吗？副元帅难道亏待你们了吗？为什么要以变乱来败坏郭家的名声？替我禀告郭尚书，请他出来听我说话。"

郭晞出来见太尉，太尉说："副元帅功勋充满天地之间，应当力求全始全终。现在您放纵士兵干凶暴不法之事，凶暴将导致变乱。在天子身边制造变乱，要归罪于谁？罪责将连累到副元帅。现在邠地邪恶之人用财物行贿，把自己的名字混进军籍中，妄作胡为，像这样不加以制止，还能有几天不引起大乱？大乱从您军中产生，人们都会说您倚仗副元帅，不管束士兵，这样一来，郭家的功名还能保存多少呢？"

太尉的话还没说完，郭晞就一再拜谢说："有幸蒙您用大道理来教导我，我愿意带领全军听从您的命令。"说罢，他又回头呵斥手下的士兵："都解下铠甲，解散回到队伍中去，胆敢再喧哗的处死！"

一场巨大危机就这样被段太尉风轻云淡地化解了，他让郭晞做出改变的真正原因在哪里呢？段太尉说理的高明之处又在哪里呢？

真正改变的原因是郭晞看到了士兵带来的危害，这个危害会影响到国家、其父及自己的安危，这样的后果和他所谓的面子比较起来完全不在一个层次。段太尉的高明之处就在于不局限于士兵的行为，而是引导郭晞看到行为可能带来的后果，这样的后果是他不愿意看到的，也是他无法承受的，于是郭晞一定会重新做出选择。

根据这个故事，我们可以提炼出这样一个思维路径（见图1）：

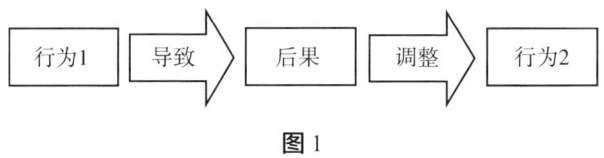

图1

这个思维路径告诉我们：说理的时候，不要强迫对方做出行为改变，我们只需要想方设法让学生看到当前不合理的行为所产生的可能后果，这样的后果不是对方想要的，也是对方无法承受的，那么对方就会自动调整自己的行为。更重要的是，这样的谈话会让对方感受到完全是为他考虑，这样他也会更愿意发自内心地接受。

所以，教师在给学生讲道理的时候，不一定要长篇大论、旁征博引，反而可以站在学生的立场上细致地分析，引导学生看到不一样的结果，有时候这种"四两拨千斤"的教育艺术比一些直接的道理说教更有威力。

2. 发现学生的真正需求

当我们不知道学生内心的真正需求时，我们讲的道理可能就是无的放矢，不但不能被学生接受，还可能产生负面效果。一个人感冒了，你只需要给他感冒药就行了，而不必给他讲制造感冒药的原理，除非对方有兴趣学药物学；一个人遇到困难了，你需要给他解决问题的方法，而不是分析问题的原理，除非对方有兴趣做一个理论家。教育，首先要瞄准你想要的效果，而不是执着于自己的道理。想要获得理想的效果，关键是要知道对方真正的需求，而不是根据自己的喜好、理解来表达，就好像你认为糖的价值很高却努力劝说一个糖尿病患者吃糖一样，这样的教育可能适得其反。

一个学生向我咨询一个很宏观的人生问题：人活着的意义是什么？面对这样的问题，如果正面回答是很难的，因为每个人对人生的理解都不尽相同。根据我对学生的整体了解和现场觉察，我发现这个孩子面露犹豫，很显然他在生活中遇到了难题，但又不知道如何诉说，所以就问了一个大而空的问题。于是，我话锋一转，就问他："你是不是最近遇到了什么困难？可以试着把困难告诉老师，老师也许可以帮到你。"原来是最近他的父母闹矛盾，争吵很激烈，甚至要离婚，而作为孩子，他不知道该如何帮助父母化解危机。我针对学生的具体问题进行了引导，肯定了孩子的责任感和孝心，同时教给了他一些化解父母矛盾的方法，人生意义的问题对这个学生来说已经不再重要，最后，他很满意地离开。

如果我没有根据学生当下的内心需求，而是给他大讲特讲人生哲学和价值观，大家认为这个学生的内心会是什么感受呢？因此，作为教师，我们一定要认真倾听学生的需求，因为当被人用心倾听的时候，学生感觉会很舒服，更愿意讲自己内在的感受，倾听也能够使我们容易发现对方到底需要什么。

3. 用适合学生的激励策略谈话

教育的目的是让学生的生命力绽放，给予学生生命力成长的能量，所以善于激励应该是教师说理的常用方法。每个人的身上都蕴含着巨大的潜能，很多时候我们需要一种方式来激发这种潜能，最好的方式就是激励。苏联教育家马卡连柯说："培养人就是培养他对前途的希望。"点亮学生希望之灯的最好办法就是激励。激励是学生成长过程中的阳光、空气和水，激励有正向引导的作用。聪明的教师总是能通过有效的激励方式，激发学生对某些事物的兴趣或提高学生的某些行为能力。

从生物学或者自然法则的层面上看，每个人都有背向激励和趋向激励的两种策略：远离痛苦、不适和压力，同时又接近快乐、舒适和轻松。简单总结就是"追求快乐，远离痛苦"。有的人习惯用背向激励策略，没有压力和危险、没有批评和压力往往就缺乏行动的动力，这种人的思维聚焦于安全、稳定、有保障，不愿意做出主动改变。有的人习惯采取趋向激励策略，习惯思考自己需要的东西——快乐、回报、目标，这种人的思维模式往往是"我今天需要做些什么"才能够更接近我的目标，得到我真正想要的东西。两种激励策略取向各有利弊：背向激励策略稳定，但也容易失去机会；趋向激励策略有目标、有追求，但也容易产生激进心理。心理学研究表明，一个人习惯性的激励策略，往往会应用到其各种不同的生活情境中。如果给学生讲道理的时候，能够了解学生的习惯性激励策略，采取符合学生的策略，这样的说理就更容易被接受。

4. 考虑对方的讯息接收模式

每一个人在接受外界讯息时，都是透过五种感官来传达及接收的，他们分别是视觉、听觉、触觉（感觉）、嗅觉及味觉，而在沟通上，最主要的仍是透过视、听、触（感觉）三种渠道。由于受到环境、背景及先天条件的影响，每一个人都会特别偏重于使用某一种感官要素来作为头脑接收处理讯息的主要渠道。

倾向使用视觉（我们称为"视觉型"）的人特别偏好以眼睛来理解周遭的世界及讯息，同时借由其视觉形象或图案的方式来记忆与思考。倾向使用听觉（我们称为"听觉型"）的人喜欢用耳朵来知觉事物，同时也喜欢在行为或表达上使用明确的文字或讯息。以触觉为重（我们称为"感觉型"或"触觉型"）的人借由他的经验或感受来接收或传达讯息。

视觉型的人头脑处理讯息及思考的方式主要是透过图像的转换，因为头脑中图像的转换速率很快，而他在说话表达时，为了追赶上头脑中图像的变化，所以视觉型的人说话速度快，音调也较高，他们的呼吸较为短促，且通常以胸腔呼吸，所以视觉型的人在呼吸时胸腔起伏较大、较明显，而且经常在说话时耸肩伸颈；听觉型的人说话不疾不徐，音调平和、呼吸匀称，通常在胃部（横膈膜）处起伏较大，说话时喜欢侧耳垂肩；感觉型的人说话慢吞吞的，声音低沉，说话时停顿时间长（需要去感受及思考），同时说话时所使用的肢体动作或手势较多，也通常以腹部呼吸。

对于具有不同讯息接收模式的人，你得使用不同的速度、音调来说话，换句话说，你得用他的频率来和他沟通。以听觉型的人为例，如果你想和他沟通或说服他去做某件事，却用视觉型飞快的速度跟他描述，那么恐怕收效不大。相反，你得和他一样用听觉型的说话方式，不急不慢，用和他一样的说话速度和音调，他才能听得真切，否则你说得再好，他也是有听没有懂。再以视觉型的人为例，若你以感觉型的方式对他说话，慢吞吞且不时停顿地说出你的想法，怕是会把他急死。所以对于不同的人要用不同的方式来说话：对方说话速度快，你得跟他一样快；对方说话声调高，你得和他一样高；对方讲话时常停顿，你得和他一样也时常停顿。若能做到这一点，你的沟通能力和亲和力将有莫大的提升。

5. 价值观是说服的关键环节

当一个人的价值观被否定的时候，他会产生本能的辩护或抗拒；当一个人的价值观被接受的时候，他会发自内心地感受到被尊重。一个人如果坚持某个观点，这个观点在他人看来无论多么荒谬，在本人看来一定有其合理的地方。认知心理学告诉我们，如果我们无法改变他人的认知、改变他人的价值观念，那么无论我们讲的道理多么深刻、多么充分，都无法说服一个人，因为在他那里一定有另一套道理和我们对抗。例如，你说考大学很重要，他会找到没有考上大学依然成功的例证，会找到一些考上大学后却很失败的案例，也会有一套"条条道路通罗马"的观点做理论佐证。所以，高水平的说理，就是要瞄准学生的价值观，采取多种方式，让学生看到问题的真相，提升学生的价值观，从而让学生主动做出改变。

6. 情感的融入使说理效果倍增

教师教育学生的目的不是证明自己知识多么丰富、见解多么深刻、道理多么精彩，而是为了提升学生的理解能力，丰富学生的认识，促进学生的发展，落实"以生为本"的教育理念。而最好的说理方式还是"动之以情，晓之以理"，情感在前，道理在后。要先处理心情，再处理事情。处理心情就是要照顾学生的感受，当学生的感受愉悦了，内心才更愿意接受教师的教导。心理学研究也表明，情感系统是最大的动力源泉，没有情感支持的道理，无论多么深刻，在当事人那里可能都是苍白无力的。而如果在情感方面和学生形成共鸣，让学生发自内心地感受到来自教师的理解和关心，那么教师的教导就是强大的动力，会促进学生不断地成长。

电视剧《亮剑》里有这样一个片段：当政委赵刚给国民党俘虏做演讲的时候，他的目的是整编这些国民党队伍，但赵刚不是一上来就宣传共产党的政策、理念、理想，而是先和国民党俘虏在情感上互动，先了解他们都是哪个部队的，然后发自内心地说："都是好部队啊！"

就是这样的一个简单评价，立刻产生了不同的效果，沉默的对抗变成了信息的互动。然后赵刚又一一列举了这些部队的英雄壮举，肯定了他们作为中国人的勇气，当彼此在情感上融合的时候，赵刚再因势利导地讲当前国家的形势、共产党的纲领以及造成当下局面的根本原因。这样的说理在俘虏那里产生了强大的震撼力，结果他们纷纷表示愿意加入共产党的队伍。

7. 增加内在影响，不要简单控制

好的动机只能给一个人去做某一件事的原因，但是不能给他控制别人或使事情恰如他所愿的权利。很多教师往往因为动机的正确而忽视了行为的选择，教师们一定要明白，产生效果的一般不是动机，而是具体的行为。一个人不能改变另一个人，一个人只能改变自己。不能因为你的动机是正确的，就任意控制学生的思维、行为。同时我们还要相信学生是有能力提升自己的，是有办法做出重新选择的。教师只需要考虑如何调整自己的教育方式和表达方式，找到学生真正的期待、渴望和需求，发现学生真正在乎的东西和价值观，然后想办法创造、增大或转移学生在乎的价值，学生便会做出推动自己成长的行为。

第4章
教师说理的常见思维模式

思维方式是看待事物的角度、方式和方法，它对人们的言行起决定性作用。心理学研究表明，一个人的思维方式与其情绪反应密切相关。认知心理学认为，一个人的情绪并非由事件所引起，而是由个体的思维方式所决定的，即思维决定情绪。教师想要把道理说得深入浅出，思维是关键。那么教师在有效说理上有哪些常见的思维模式呢？我根据多年的经验和学习，总结出以下思维模式供大家参考。

1. 分析行为，看到后果

一般人往往会陷入当下的行为事件中不能自拔，为了避免眼前的麻烦、解决眼前的问题、发泄当下的情绪而不顾后果。如果能引导对方看到行为背后可能存在的严重后果，那么当事人就有可能会做出改变。

一个小朋友在外面和另一个小朋友发生了矛盾，回家后要让爸爸拿刀去砍对方。小朋友目前不能理性地思考问题，做爸爸的如果直接讲道理，小孩子不一定会明白，效果也不一定好。这个爸爸没有直接拒绝，而是说："可以，敢欺负我们家的小朋友，爸爸一定要保护你。不过，在砍对方之前，爸爸要准备好一些衣服、被子。"小朋友很好奇："我只是让你去砍人，没让你带衣服、被子。"爸爸说："不帮你，你肯定难过；帮你砍人，我就会犯法。所以我得提前准备好衣服，直接去公安局。以后你就再也见不到爸爸了。"小朋友一听"再也见不到爸爸了"，就坚决不让爸爸去砍那个小朋友了。

这个爸爸的聪明之处就是没有直接评价孩子的行为和要求，而是很机智地让孩子认识到这样做可能带来的严重后果，孩子自然就发生了改变。很多时候，教师可以先不急于和学生分析当下行为的对和错，而是在耐心倾听的基础上，引导学生看到行为后面可能存在的严重后果，引发学生自觉改变。这样的说理会有"四两拨千斤"的效果。

2. 换位体验，引发感知

大家都知道换位思考，但是真正做到换位思考并不容易。换位体验是促进换位思考的有效方法，当一个人真正站在对方的立场去观察、去体验，他才可能有新的认知，对事情的思考才会更全面。有一个初中生向我抱怨班主任对他有偏见，他不但感觉老师处理问题不公平，而且对老师的教育方式很抵触。于是，我让他详细讲述发生的事情，每当他讲述到关键的时候，我就问他："假设你是班主任，此时你会看到什么？想到什么？你会如何做？这样做的目的是什么？"通过一系列的发问，引导学生强行站在班主任的立场上去体验、去感受、去发现。最后，这个学生很动情地说："原来老师这样处理问题都是为了我好……"自此，他对班主任的抵触开始消解，也更愿意接受老师的教育。

3. 明晰目标，调整行为

鉴于视野、立场、阅历、知识背景等多种因素，一般人容易被当下的感受、认知左右，而忽视自己真正需要的是什么。当目标缺失的时候，我们很难知道自己需要什么，无法确定最佳选择。而当一个人明确自己的目标、知道自己真正在乎什么的时候，他就可以通过对方当下行为所带来的影响进行分析，从而引导对方自觉地发生改变。

有一个高二的女生，执意要辍学打工。家长、班主任苦口婆心地劝说，该女生执意仍要去打工，最后她的班主任找到我这里。我没有直接给该女生分析打工和考大学的利弊，而是直接问该女生：你希望自己将来过怎样的理想生活？能否形成一个画面？预计在哪个年龄段实现这个目标？该女生描绘的画面是：和自己的爱人坐在别墅的花园里喝茶，父母在修剪花草，孩子在草坪上自由玩耍。预计自己在35岁的时候实现这个理想。于是我又问她：你实现这个理想需要什么条件？她说：需要找到一个有能力的丈夫。我又问：找到这样的丈夫自己需要什么条件？在什么样的生活环境下遇到的概率会大？该女生在这个生活目标的指引下，思考实现目标的条件和过程，最后她认为打工是很难遇到优秀的丈夫的，最好的方式还是提升自己的素养和能力。于是，她放弃了打工的念头，决定好好学习并争取考上一所理想的大学。

4. 分析因果，洞察自己

事物是普遍联系的，但为了了解单个现象，我们必须把它们从普遍的联系中抽离出来，孤立地考察它们：哪个为原因，哪个为结果。

因果关系作为客观现象之间引起与被引起的关系，它是客观存在的，并不以人的主观为转移。一般人在遭遇失败的时候会怨天尤人，他不知道"以果推因"，必定是"因"的不正，才会招致如此结"果"。

有一个皇帝微服外出，他平时过惯了呼风唤雨的日子，一旦微服在外，无人奉承，便甚感不惯。一日，他来到乡下，又热又渴，道旁农夫盛情地奉上茶水一杯，他如饮琼浆，回京后，马上差人到农夫家中，封了农夫一个官职。此事被当地一个落第秀才得知，他心中不平，于是在土地庙题诗曰："十年寒窗苦，不及一杯茶！"数年后，皇帝再度出巡该地，见到此诗，知道原委，于是不动声色地加了两行字："他才不如你，你命不如他！"

"积善之家必有余庆，积恶之家必有余殃。"这是一个家族的前因在个体身上呈现出的人生阶段性的状态之果。因果定律是宇宙的终极法则。"万法皆空，唯因果不空。"按佛家的说法，菩萨都逃不脱因果，何况我们还是凡夫俗子呢？所以，菩萨畏因，凡人畏果。菩萨从来不担心会得到什么果报，而是担心种了什么因。昨天是今天的因，今天是昨天的果，也是明天的因。当我们看透这些人生大的因果的时候，我们会更多地关注内在，更多地从自身寻找原因，这样才是真正改变的开始。客观原因可能是存在的，也会让我们在心理上获得安慰，但对解决问题于事无补。从自身找原因，也许会让我们感觉很痛苦，难以接受，但这才是我们真正可以掌控的，也是改变的开始。

5. 归责归因，系统分析

有句俗话说得好：一个巴掌拍不响。如果发生了问题，一般不是简单的某个因素造成的。我曾经对一位老师说过：既不要把压死骆驼的责任归结为最后一根稻草，也不要忽视最后一根稻草起到的节点或导火索作用。同样，也不要把吃饱的功劳归为最后一个馒头，而忽视前面积累的过程。马克思主义哲学中的"从量变到质变"很好地提示我们：对任何结果的发生都要注意归责和归因，做系统全面的分析。众缘和合，一个结果的发生绝对不是简单的某个因素的问题，而是多种因素共同作用的结果。

6. 透视表象，觉察真义

美国知名主持人林克莱特有一天访问一名小朋友，问他说："你长大后想要当什么呀？"小朋友天真地回答："嗯……我要当飞机驾驶员！"林克莱特接着问："如果有一天，你的飞机飞到太平洋上空，所有引擎都熄火了，你会怎么办？"小朋友想了想："我会先告诉坐在飞机上的人绑好安全带，然后我挂上我的降落伞跳出去。"当在场的观众笑得东倒西歪时，林克莱特继续注视着这个孩子，想看他是不是自作聪明的家伙。没想到，接着孩子的两行热泪夺眶而出，这才使得林克莱特发觉这个孩子的悲悯之心远非笔墨所能形容。于是林克莱特问他说："为什么你要这么做？"小男孩的答案透露了这个孩子真挚的想法："我要去拿燃料，我还要回来！！！"

做教师的尤其要注意这一点，即不要简单地用自己的思维和价值观来判断学生的语言，一定要学会透过现象看本质，了解学生真正的动因，这样我们的教育才更有针对性。

7. 顺应推理，自我矛盾

楚庄王养的一匹爱马死了，他十分痛心，命令群臣按照大夫级别的礼节来埋葬这匹马。大臣们都说不能这样做。楚庄王非常生气，下令："有敢以马谏者，罪致死。"优孟听说此事后，去见楚庄王，要求以君王之礼来埋葬这匹马，并叫上各诸侯国的诸侯，以便让各诸侯都知道大王贱人而贵马的事。楚庄王听了优孟的话满面羞愧，如梦初醒。

很多时候对方的逻辑存在明显的问题，但是由于时间、场合、身份等多种因素，我们往往无法直接进行逻辑论证。此时顺应对方的逻辑，推导出一个荒谬的结论，让对方的前提条件不攻自破这种做法更有效果。这种思维模式也被称为"归谬法"。

8. 联想类比，隐喻启迪

"不识庐山真面目，只缘身在此山中。"有的时候一个人会陷入情绪之中，导致理性难以回归，此时，无论多么正确的道理，在情绪、感受面前都会显得非常苍白。陷入情绪中的人最希望得到的是认同，再加上他本能的自尊心保护意识，所以直接指出他存在的问题往往很难被他接受。这个时候，教师可以通过类比、联想的思维方式，找到和学生类似的案例或者故事，让他们通过旁观、分析别人的事情，达到自我觉察的效果。这样的思维方式有利于照顾学生的情绪、感受、面子和尊严，同时也可以起到启发诱导、触类旁通、自我反省和矫正的效果。

9. 三赢思维，顾全大局

所谓"三赢思维"就是你好、我好、大家好。在一个系统里，每个人的立场都要考虑，每个人的利益都要关注，只有顾全大局，才能得到更多的支持和认可。教师在处理家校关系、师生关系、同学关系的时候，一定要用三赢思维来考虑问题，否则可能会考虑不周，甚至出现结果偏差的现象。例如，一个班干部因为可以理解的原因迟到，如果老师只考虑自己的权威和班级制度的公平公正，那么这个学生的个人感受可能就会被忽略，可能会破坏老师和这个班干部之间的良好关系。如果老师顾及该班干部的感受而不处理，则可能会影响整个班级的管理系统，影响其他同学的看法。基于三赢思维，老师可以这样处理：先找班干部了解情况，给予其足够的理解和支持，肯定其在班级管理方面做出的贡献；然后请该班干部理解老师的立场和其他同学的看法，分清行为与纪律的关系。最后的结果是，班干部在全体学生面前为自己的迟到做出自我检讨，维护了班规的公正和管理的公平；我也在全班面前肯定了该班干部的勇于认错和知错就改，顾及了班干部的面子，同时也关照了整个班级的管理系统。

10. 加法思维，指向成长

一般人的思维往往要求人在改正缺点中成长。取其精华，去其糟粕，固然是一种理想的效果，但往往是糟粕去掉，精华也失去了存在的土壤，绝对正确的行为往往是不存在的。加法思维不是改变一个人，而是丰富一个人；不是去掉一个人的特点，而是补充一个人的知识和思维方式。

以一个谨慎的人为例，我们往往会要求他改掉胆小的毛病，但如果这样，他可能会变得毛手毛脚。而加法思维不是让对方去掉什么、改掉什么，而是肯定对方谨慎的价值：谨慎会让一个人考虑问题周到，少犯错误，少受惩罚。对"谨慎"这个特点给予充分的认可，也是对这个人的认可，被认可后，他就会被注入能量，有能量才有行动力。然后我们可以利用加法思维，鼓励他不断提升自己，在考虑比较周到的情况下增加行动力，这样他才更愿意从内在感受上接受建议，而不是因为道理的正确而强迫自己改变。

第 5 章

教师说理需要的四种能力

说理是一种能力。很多人懂得了很多道理,却依然过不好自己的人生。从懂得一个道理,到恰当表达道理,再到取得对方合理的回应,这些都需要能力做基础。不是说道理正确,就必然会被对方接受。那么,要想有效说理,教师应该具备哪些能力呢?经过多年的研究,我将其总结为四大能力。

1. 亲和力

(1) 亲和力的重要意义

亲和力(Affinity)的狭义概念是指一个人或一个组织在所在群体心目中的亲近感,其广义概念则是指一个人或一个组织能够对所在群体施加的影响力。

亲和力源于人对人的认同和尊重。很多时候,亲和力所表达的不是人与人之间物理距离的远近,而是心灵上的通达与投合,是一种基于平等待人的相互利益转换的基础。真实的亲和力,以善良的情怀和博爱的心胸为依托,是一种发自内心的特殊禀赋和素养。亲和力是人与人之间信息沟通、情感交流的一种能力。具有亲和力的人,会每天都保持自信、乐观、向上的心情去面对每一个人,对每一个人都不觉得陌生,会视他们为熟人、朋友、老乡、亲人,这将使别人加深对其的信任感。

当然，亲和力从本质上来说，除了继承某种先天性的特质外，更多的是自身的一种综合气质。它要求你必须具有良好的文化素养、优雅的谈吐和大方的举止，等等。在很大程度上来说，亲和力是一种可以通过后天的努力来获得的能力，在日常工作中，我们要有意识地培养自己的亲和力。

要培养亲和力首先就得装扮大方，以显示淡雅清新的气质，给人以舒适感。学会微笑，努力使笑容真实自然。有意识地放慢说话速度，以让自己的表达清晰、有逻辑，但也不要慢条斯理，让人感觉没有激情。多培养自己的兴趣爱好，要不断培养自己的信心，不断与人沟通。业余时间，多听一些舒缓的音乐，看一些杂志和书籍，这能让你保持一种自然平和的心态。

拥有亲和力的教师非常受学生欢迎，所谓"亲其师，信其道"，想让学生亲近教师，教师一定要先拥有亲和力。需要强调的是，亲和力与教育无力不同。很多年轻教师，一开始对学生很好，天天面带笑容，结果时间久了，因为和学生太过于亲近，结果造成"亲而不敬"，教师在学生面前失去了应有的威严，管不住学生。

同样，一旦失去亲和力，只是靠教师所谓的"师道尊严"来压制学生，就会激化矛盾，甚至造成严重后果。有一次在一所学校交流的时候，我听到一位体育教师埋怨现在的学生是多么难教，甚至不懂感恩，进而他感叹世风日下，人心不古，为了自保，对学生不要太严。有这样想法的教师，往往在与学生建立亲和的关系上做得不够，这样的教师很难享受到职业的幸福感。

（2）亲和力的具体表征

①微笑的表情。瑞士著名诗人施皮特勒曾经说过："微笑乃是具有多重意义的语言。"的确，微笑是一种世界共通的语言，它以自己独特的方式表达出许许多多美好的内涵——宽容、关切、热情、智慧……微笑是一种宽容、一种接纳，使人与人之间心心相通。微笑是人类最好的语言。一个微笑，无色，却能让世界色彩斑斓；无味，却能芳香

满人间；无形，却改造着世间万物，抚慰人间冷暖。所以，想要老师的语言有感染力，请带着微笑走进教室，走近学生。

②眼神的交流。眼睛是我们心灵交流的窗口，通过与对方眼神交流，我们可以表达自己的想法，给对方一种亲切感，表示认可对方的说法，让对方继续将话说下去。眼神交流也要注意分寸，不可以紧紧盯着对方看，否则会让对方感觉不舒服，甚至引起误会。眼睛可以适度看着别的地方，但是不要过度东张西望，当对方用心讲话时，你在四处张望，说明你没有在认真听，同时也会影响对方的思维，这是不尊重讲话者的一种情况。恰当的眼神交流会让对方感觉你非常谦和，也愿意与你在一起。

③专注的倾听。法国启蒙思想家伏尔泰说："耳朵是通向心灵的路。"当一个人被倾听的时候，他才感觉自己被重视、被接纳，才愿意向你敞开心扉，因为倾听是一种平等而开放的交流，这样的沟通方式最能传达亲和力。倾听的时候，可以适度身体前倾并配合恰当的面部表情，表示对讲话者所说的内容感兴趣，同时可以适时给予一定的信息回应，例如"嗯""是的""我理解"等，必要的时候还可以及时提供一定的个人见解。为了保证交流时轻松、舒适、亲和的氛围，双方的距离、坐的位置等都要适当考虑，尽量双方以平等的姿态谈话，距离不要太远，同时要有恰当的目光交流，眼神尽量要柔和。为了保证沟通效果，避免造成误会，在没有听懂或弄清楚的地方可以及时提出并进行信息确认，但要避免喧宾夺主或扯开话题。在沟通的过程中，也许对方的一些观点在你看来有些可笑、幼稚，但这是对方的认知水平或者信念系统造成的，所以一定不要表现出轻视、嘲笑，也不要带着高姿态做点评。在倾听的过程中，一定要把焦点集中到对方的讲述上，从中寻找有价值的信息，找到对方内在的渴望、期待或者核心价值观，这样才可以恰当、准确地给出建议，从而达到更好的说理效果。

④适度的回应。沟通的时候，不要随便打断别人的话，要让对方充分表达自己的观点、想法和感受，这既是一种礼仪，也是一份修养。

但任何事情都有一个"度"的问题,就像演员在演出的时候,既需要观众静静地欣赏,也需要恰到好处的喝彩,以增添演员的兴致和气氛,两者浑然一体,缺一不可。适度的回应可以通过点头、微笑和一些简短的语言来表达,例如"嗯""是的""我理解"等,关键的时候还可以简单重复一下对方的意思,让对方感觉自己的表达受到了重视,这样的行为会让一个人亲和力倍增。

⑤恰当的配合。心理学研究认为:人因相同而联结。这和中国的"物以类聚,人以群分"有相似之处。生活经验告诉我们,两个陌生人相见,有的第一眼就很投缘,有似曾相识或相见恨晚的感觉;有的就感觉很不愉快,或者非常讨厌对方。心理学研究告诉了我们原因所在:一方身上的行为特征、言谈举止等向外界发射的信号与另一方的内在感受是否一致,导致了双方对对方的第一反应。

因此,要想取得良好的沟通效果,掌控沟通的主导权,就要学会调整自己,配合对方,尽量争取与对方同频沟通。沟通的意义取决于对方的回应。如果我们不关注对方的表现,而只是一味地按照自己的思路、习惯来沟通,就会出现"鸡同鸭讲"的情况,沟通效果自然不好。因此,一个富有亲和力的教师一定是懂得配合的教师,可以在对方的行为方式、语速音调、情绪观点、内在动机等方面做出配合,以让对方觉得我们是同类人。

2. 聚焦力

(1) 聚焦于什么

教师在和学生、家长、同事等沟通时要明确沟通的目的是什么,而绝对不能为了沟通而沟通,因为这样会降低你的沟通效率,甚至会让事情往相反的方向发展。

经常有教师和学生在讲道理的时候,从讲解到辩解、到争吵,最后闹得不欢而散,老师认为学生难教,学生认为老师霸道。还有的教师,在自身看来兢兢业业,为学生付出一片真心,可是在学生看来这样的老师总是唠唠叨叨，让人不胜其烦。还有一些教师，和学生谈话的时候，不知道自己到底想要达成什么结果，只是想批评学生，发泄情绪；和家长沟通只是一味地抱怨学生，把家校沟通变成了投诉。这样的沟通模式都是不明确沟通目的的。还有一些教师，在和学生沟通的时候很容易跑题，把沟通变成无意义的闲聊，这样的沟通模式也需要警惕。

种种类似行为的出现，都和教师在教育学生的时候焦点有误有一定关系。心理学研究表明：焦点在哪里，人生的收获就在哪里。一个高水平的教师给学生讲道理的时候一定要瞄准焦点，否则就可能事倍功半。

教育的焦点是什么？从宏观层面来讲，教育的焦点就是有利于学生的发展。任何一个教师都要站在立德树人的高度来看待教育，着眼于培养德智体美劳全面发展的社会主义建设者和接班人。教育的根本目的是育人，不是育分，育分只是育人的一个重要内容而已。

如果从处理具体行为、事件来讲，焦点就要集中在学生的感受、动机、期待、渴望上，不能让道理取代感受，否则道理会变得苍白。当然也不能让感受代替道理，否则会出现原则性的错误。教育是要给学生的心灵埋下真善美的种子，引导学生扣好人生的第一粒扣子。教育离不开教师的主导，同时也要符合学生的认知规律和接受特点，发挥学生的主体性作用。先处理心情，再处理事情，聚焦于学生本身，引导学生健康发展，这样的教育才更有威力。

（2）如何提高聚焦力

①通过发问寻找焦点。聚焦力是思考力的结果呈现，是思考力的提升。为了更好地聚焦，在谈话之前，教师可以思考、追问以下问题：

a．我沟通的目的是什么？

b．为什么这个目标如此重要？

c．这个目标是否符合"三赢原则"？

d．达成目标的关键是什么？

e. 在沟通中,我如何定位自己的角色?

f. 对方真正在乎的是什么?

②学会抽离看问题。"当局者迷,旁观者清。"为了更好地聚焦,有的时候教师可以抽离出来看问题,从旁观者的角度寻找更准确的焦点。有时候退一步海阔天空,当自己找不到焦点的时候,或者被情绪控制的时候,可以采取冷处理、退三步看问题的方式,这样可以看得更全面,或许聚焦点会自行浮现。有时候教师需要拉长时间线看问题,"风物长宜放眼量"。一旦用未来的眼光看待现在的问题,你会非常清楚地知道哪些才是重要的,哪些是可以忽略不计的。

总之,聚焦力是人在谈话中掌控大局、巧妙点拨、适时引导的重要能力,是让一个教师谈话更有感染力的重要元素。希望老师们有意识地多思考、多换角度、多尝试,这样你们的说理水平一定会不断提升,曲径通幽、润物无声,最终达到一个较高的教育境界。

3. 觉察力

神经语言程序学中有一个观点:地图不等于疆域,事实不等于真相。一个善于说理的教师一定是一个善于透过现象看本质的教师,这就需要教师富有一定的觉察力。

觉察力是超前思维的具体体现。事物的出现和发展都有一定的迹象可循,没有无因果的事物,更没有毫无联系的事物。觉察者善于运用心理、思维的力量去解开这些因果关系、相关环节,从细节看到整体,从琐碎看到简明,从表象看到本性,抽丝剥茧地将事物铺展开来,明晰事物的脉络,从而或取精去糙,或去伪存真,或未雨绸缪,或相机而动……总之,觉察事物的结果和最终的目的便是为人们的行动或目标提供一个参考,从而避免陷入泥淖或圈套,做到预见未来,及时谋划,从长计议。

觉察力是一个教师必不可少的一种心理思维优势和能力。"凡事预则立,不预则废",这个"预"就是指觉察力、预见性。想要给学生的心灵埋下真善美的种子，引导学生扣好人生的第一粒扣子，教师的教育就一定要符合学生的身心发展规律和认知规律，要能够读懂学生，在学生"拔节孕穗"的成长关键期，能够准确觉察学生的行为特征、思想变化，然后给予合理的建议和引导，用透彻的学理分析回应学生，以彻底的思想理论说服学生，用真理的强大力量引导学生。在教育学生的时候要能够辨别和提炼有用的信息，敏锐地体察学生的心理变化，及时地关注并且善于发现其中的"机关"，从而解开"密码"，拨开云雾见青天。觉察力是洞悉彻悟事物的发展规律和方向的、具有高度预见性的一种本领和能力，是能够以小见大、以心见性、见微知著、敏捷独到的一种超前的感悟能力，是自身体验、内心关注的结果。

教师想要提升自己的觉察力，必须要有丰富的教育学、心理学知识和敏锐的思维，要善于学习，掌握规律，体察人性，察言观色，捕捉细节，尤其是要读懂学生的语言信息、声音信息、肢体信息。同时教师要不断反思和自省，对每次的教育行为做深入思考，撰写教育叙事。只要教师持之以恒就会熟能生巧，形成思维直觉，进而不断提升觉察力、判断力。

4. 变通力

老子在《道德经》中说："穷则变，变则通，通则久。""变"就是变通。有时，我们所做的事并不容易，必须改道才能到达目的地。这个时候，我们除了坚信"条条大路通罗马"，还要学习水的特性。"水随形而方圆，人随势而变通"，这就是要我们干任何事情时，不要死板教条，更不可不碰南墙不回头，也不可学"船到桥头自然直"的思想。我们要见机行事，随势而变，主动去想，主动去寻找解决问题的方法。办事情时常是曲径通幽的，我们要相信：没有办不到的事情，只有不会变通的人。"变通"的含义是依据不同情况，做非原则性的变动；遇特殊情况，可以酌情处理。变通的法则告诫我们："善于变通的人，只需一个好思路，就能开辟一条道路；只需一个转变，就能看到别样的风景；只需灵活一点，就能进退无碍；只需摒弃一份固守，就能获得一次重生；只需举力打破，就能赢得天下！"

秦穆公视察旱情，结果坐骑被饥饿的农夫杀掉吃了，秦穆公没有治他们的死罪，而是拿来美酒和他们一起痛饮，农夫们感激涕零。后来，秦国和晋国交战，秦穆公的兵车被晋军包围，千钧一发之际，晋公后面突然杀出一群奋不顾身的手执农具的农夫，一会儿工夫他们便将秦穆公救出险境。战斗结束后，秦穆公要重赏在战斗中立下战功的农夫，农夫们皆跪拜婉言谢绝，原来他们正是一年前在岐山分吃马肉的农夫。秦穆公是个很灵活的人，他没有按既定的原则惩罚那些吃其马肉的人，而是原谅他们，因为他看到了他们的贫苦，看到了他们的灾难，也正是他的宽容，才赢得了农夫们的尊重，进而使农夫们在千钧一发之际救他于水火之中。

在教育学生时，老师也要学会变通。"有效果比有道理更重要"，只要教师瞄准效果，有利于学生的身心健康发展，在具体的教育方法、解决问题的方式上就可以灵活处理，大胆创新。在任何一个系统里，最灵活的部分便是最能影响大局的部分，因此最灵活的人便是最有能力的人。也许只有会变通的教师，才最能影响学生的认知。当然，灵活并不代表放弃自己的立场，而是容许找出双赢乃至三赢的可能性，寻找到更有效的办法，从而达到理想的教育效果。

实践篇

第 6 章

丰盛自己：心大了，事就小了

【慧心慧语】

> 心小了，小事就大了；心大了，大事都小了；看淡世间沧桑，内心安然无恙。大其心，容天下之物；虚其心，爱天下之善；平其心，论天下之事；定其心，应天下之变。大事难事看担当，逆境顺境看胸襟，有舍有得看智慧，是成是败看坚持。

【案例导入】

数学老师每天让学生批作业，有时学生会批错。某生在课堂上一遍又一遍地说："老师，你看他们都批错了。"全然不顾老师正在讲课。老师说："你要是再说，就请你出去。"结果，学生真的放下书，走出了教室。

自此以后，师生矛盾激化，老师到处抱怨学生没有礼貌，学生也很不服气……面对这样的情况，老师该如何处理？

【方法探究】

如果是我，我会这样说："哇，你真是数学天才！老师发现不了的问题你也能发现。"甚至还可以让该生帮助老师批改作业。这样问题的焦点会立即转移，学生获得了被关注、被认可的满足，教师化解了眼前的尴尬，更重要的是会让课堂气氛更融洽，甚至一个数学天才也会从此诞生。

我们首先分析一下案例中教师处理学生问题时的心态。

面对学生的质疑，教师不知该如何处理，所以采取了不予理睬的方式。而学生的合理诉求没有得到回应，他就会不断地表达自己的观点。该生如此做的目的就是想得到老师的理解和认可。遗憾的是老师不但没有读懂学生的真正意思，反而把学生的合理诉求当作故意捣乱，于是怒火中烧，这才有"你要是再说，就请你出去"的严厉批评。最后，该老师不但没有反思自己的教育行为，反而认为是班级管理出了问题，到处抱怨学生没有礼貌，把自己的问题到处宣扬，还可能引发同事之间的矛盾。该老师存在以下问题：过分关注自己的感受，缺乏对学生成长的关注；把学生课堂上的正常诉求当作捣乱，这是"师道尊严"后遗症，认为教师的面子高于一切，学生不能有任何质疑行为，否则就是没有礼貌；善于推卸责任，总是认为问题都出在别人那里，学生没有礼貌，班级管理不好，都是他人的问题，从来不反思自己。

这种教师往往看到的都是问题，常常把问题扩大化，这就是常见的"问题制造专家"。因此，教师首先要提升的就是自己的思想境界。

1. 用爱心来书写教育

李镇西老师在《爱心与教育》一书中这样写道："当一个好老师最基本的条件是什么？是拥有一颗爱学生的心！"他还说："离开情感，一切教育都无从谈起。"师爱是教育工作中不可缺少的良药。爱学生，就必须走进学生的情感世界，把自己当作学生的朋友，去感受他们的喜怒哀乐。基础教育阶段的儿童处于生命中最主要的集中学习时期，他们缺乏社会经验，各方面都处于形成阶段，有着多方面的需求和发展，充满生命活力和潜力。这段时期的教育影响远远越过该阶段而扩展到终身，因此教师需要懂得儿童时期对于生命的独特价值，并善于开发学生的生命潜力。如果一种教育未能触动人的灵魂，无法引起人的共鸣，不足以震撼人的情感，那就不是成功的教育。师爱的最高境界是有情、具有爱心和知识，对于学生来说，他们更喜欢前者。学生特别渴求和珍惜教师的关爱，师生间的真挚情感有着神奇的教育效果。爱学生就让我们走进学生的情感世界吧！

爱心还表现为对学生的赞美与宽容、尊重学生的成功，哪怕他们只取得了一点点的成绩，也不要吝啬赞美，这能促使他们继续努力争取更好的成绩；如果他们犯了错误，要细心教导，让他们感受到教师是因为爱他们才教导他们的，这样的教育更有意义，也让学生更容易接受！也就是说，我们不仅需要有爱心，更需要有智慧的爱心！

2. 用耐心来完善教育

教育受制于学习者身体成长与心理成长的规律。遵循学习者身体成长与心理成长规律的教育，才是遵循了教育的规律。

教育需要耐心，需要我们学会等待。等待是教育的艺术，甚至是教育的大艺术。没有耐心、不会等待的人，不配当教师。教师的急，其实是一种教育的扼杀。因为教师不能等待而扼杀学生的兴趣与积极性的事例有很多。相反，等待时机成熟再教育学生的优秀教师也大有人在。孔子说"不愤不启，不悱不发"，就是在等待教育的时机，就是一种耐心。"诲人不倦"也是耐心的体现。

有人提出"教育是慢的艺术"，这是很有道理的。说教育是慢的艺术，并不是我们特意追求教育的慢，而是说我们要遵循教育促使人成长的规律。教育存在的理由，除了向学生传递知识、技能等之外，还有一个就是它能够加速人的成长。但这种加速不是无条件的，不是任意人为的，而是在遵循成长规律基础上的加速。特别是当今这样一个什么都在追求"快"的时代，教育也在追求速成，快速阅读、快速写作、快速记忆……教育追求快，并没有错。但教育的过程，也是孩子成长的过程，如果不顾及成长的速度而盲目加速，违背孩子的成长规律去进行教育，则无异于揠苗助长，欲速则不达。

耐心是一种教育技术，也是一种教育艺术，更是一种教育的品格。教师应该具备耐心的教育品格。教师要耐心地向学生讲解，耐心地等待学生回答，耐心地听学生回答，耐心地给学生解惑，耐心地批评教育学生，耐心地等待学生转变。教育的耐心，其实是一种守护，守护着学生的心灵，守护着学生的成长，让学生顺乎天性、在正确引导下健康地成长。

3. 用包容来接纳学生

法国作家雨果说："比大海更宽广的是天空，比天空更宽广的是人的心灵。"宽容是一种美好的品质，宽容让课堂充满宽松、民主的气氛，宽容让学生放飞想象的翅膀。

我国著名教育家陶行知先生说过：少一些严厉，多一些宽容。

宽容是一种非凡的气度、一种宽广的胸怀、一种高贵的品质、一种崇高的境界，更是一种人性化的教育方式。

宽容是一种豁达和挚爱，它如一泓清泉可化干戈为玉帛；宽容是一种深厚的涵养，是一种善待他人的境界；宽容是一种巨大的人格魅力，它蕴藏着殷切的期望和潜在的教育动力。

宽容学生的过失并不是姑息迁就，而是采取和风细雨的方法督促其改正错误。

在教学中多一块宽容的土壤，就会多一片思想的植被，多一束理性的阳光，多一缕自由的空气。

对学生情感世界的宽容，能有针对性地点拨学生的心灵；对学生思维方式的宽容，可以激发学生个性的思想火花，培养其创造精神；对学生特殊行为方式的宽容，就是尊重学生的个性发展特点，使学生在宽松自由的环境中展示自我、发展自我。

苏联教育家苏霍姆林斯基曾感叹："从我手里经过的学生成千上万，奇怪的是，留给我印象最深的并不是无可挑剔的模范生，而是别具特点、与众不同的孩子。"

曾经有位渔夫出海捕鱼，他从海里捞到一颗珍珠。这颗珍珠晶莹圆润，渔夫爱不释手。但美中不足的是，珍珠上面有个小黑点。渔夫心想，如果能把小黑点去掉，珍珠一定完美无瑕，会成为无价之宝。

于是，他就开始耐心地剥剔黑点。可是去掉一层，黑点依然存在；再去掉一层，黑点还是存在；再去掉一层……最后黑点终于去掉了。不过，令人惋惜的是，原本硕大的珍珠已不复存在。

学生不就是一颗颗珍珠吗？他们在学习上或多或少地存在着这样那样的"黑点"——不时会犯或轻或重的错误。

而教师也是恨铁不成钢，总是在苦苦地追求着学生"白璧无瑕"的完美境界：学生一时不听话，教师就气愤不已，吹胡子瞪眼；学生一时做得不合己意，教师可能就会随口说出伤害学生的话："怎么那么笨？"学生一时成绩不好，个别教师可能就会采用简单粗暴甚至体罚的方法对待学生……

久而久之，学生不论做什么事，都会局限于一个框框内，如同惊弓之鸟，不敢越雷池半步。结果学生的心理压力越来越大，学生的天真无邪和好奇心也被扼杀了。

因此，教师应当记住：

第一，多一些允许，少一些不准；多一些建议，少一些要求；多一点肯定，少一点批评；多一点欣赏，少一点苛求；多一点商量，少一点独断；多一种办法，少一句指责；多一丝笑容，少一副冷面；多一份冷静，少一点冲动；多一点温和，少一点严厉；多一把尺子，多一个角度，多一种可能，多一次机会；站高一点，看远一点，想深一点……

第二，宽容是一种原则，也是一种方法；是一种心态，也是一份情感；是一种理念，也是一种行为。

4. 用理解来引导学生

苏霍姆林斯基说："人类最大的精神快乐是从关心别人的精神世

界、从善于体察他人的不幸中产生,没有这种感受,就不可能有道德美。"

日本教育家大桥正夫在《教育心理学》中把教师的理解分为"评价性理解"和"移情性理解"。前者"是指教师在考查学生时,预先用自己的框框给以相对评价(例如优点或缺点)借以了解学生的一种方法。从某种意义上说,它是以揭发和贬斥学生的行为表现出来的";后者"是指教师在考查学生时,并不是用主观预想的框框看待对方,而是以同情的态度体验学生本身的所感所想来达到理解的方法。教师在这种移情性的理解中设身处地地了解学生的内心世界、感情和想法。这样学生便体会到,可以信任教师确实能全面地把握自己的优缺点,从而发展起教师与学生之间'忧乐与共'的行为来"。

移情性的理解是更深一层的能促进学生自发学习的要素,它要求教师能从学生的角度出发去观察世界,敏于理解学生的心灵世界,设身处地地为学生着想。在关注学生情感的同时,教师也以一种客观的、设身处地的态度体验其当时的所思所感。学生感觉到教师的理解,教育也就产生了效益。

理解,是师生沟通的桥梁。它是一种修养和品格,一种对别人不卑不亢、不仰不俯的平等对待,一种对他人人格与价值的充分肯定。它是一缕春风、一泓清泉、一颗让人温暖的舒心丸、一剂催人奋进的强心剂。它给成功的学生以理解,表明对学生成功的敬佩、赞美;给失败的学生以理解,表明对学生失败的同情、安慰与鼓励。

只有真正理解学生的行为,读懂学生行为后面的内心渴望,教师才能做出正确的引导。

【应用实例】

1. 学生的挑战

课前演讲,某学生演讲的内容是对教师教育方式的批评,希望教师多一点宽容、少一点讽刺;她还说教师可以直接点出学生的问题,并举例说自己到黑板上默写,不会就是不会,教师可以直接批评,而不必拐弯抹角地挖苦。讲到这里的时候,该生不自觉地把眼神投向我。联系到该生平时总是认为我对她有意见,于是我决定在她演讲之后与她做一次深入沟通。

师:我知道你不是在批评老师,只是表达自己的观点,渴望得到老师的理解,对吗?

生:是的。

师:每个人都有他习惯的做事方式,也有他不喜欢的方式。如果我的教育方式真的伤害了你,我道歉。

生:我接受老师的道歉。

师:看来你还是一个很大度的人,我很欣赏。当时你真的认为老师是在拐弯抹角地挖苦你吗?

生:我当时的感受就是这样的。

师:我尊重你的感受。只是现在我想让你理性地想一想:老师真是为了挖苦你吗?有没有其他的动机?

生:也许老师怕直接批评我,我会接受不了。可是,我宁愿接受老师的直接批评,也不喜欢老师拐弯抹角地挖苦。

师:很好,看来你是一个很坦率的人,我再次为我不能理解每一个学生而道歉。通过这次交流,我更了解你了。

生:其实也没有那么严重,我只是想让老师知道我是怎样的一个人。

师:我知道你是一个很坦率的人,我很欣赏。

2. 集体迟到

我走进教室,发现空无一人,原来上节课是信息课,学生在信息的时空里有点"沉醉不知归路",上课铃响8分钟之后,学生才全部走进教室。

师(一脸的庄重):你们应该集体向我道歉。

学生很配合地说"老师,对不起"。(呵呵,这些学生真乖巧)

师：我终于知道了什么叫"一个人的孤独和悲凉",没有学生的老师是多么悲哀啊!

我庄重中又带有诙谐的语调让学生不由自主地笑了起来,紧张的气氛逐渐放松,空气中的阴霾也随着笑声慢慢散去。

师:是老师拖堂,还是你们对电脑的痴迷造成了如此严重的迟到?

学生解释说,老师没有拖堂,他们也确实对电脑非常迷恋,但的确是没有听到下课铃声。

师:我姑且认可你们的说法,也替你们找一个客观的理由——由于人大选举,前一节课做了一点调整,课堂时间被压缩了5分钟。但这绝对不能成为我们犯错的理由,因为邻班和你们情况一样,但他们只迟到了2分钟。请记住,下不为例,要让这次的集体迟到变成我们班级成长的契机。再有下次,一定重罚。

被免除惩罚的学生,心里的一块石头终于落地,对老师的要求当然满口答应。一场迟到风波就这样过去了。

3. 老师帮你一个忙

L坐在最后一排,从心理上有一种"天高皇帝远"的感觉,因此对自己的约束就减少了很多,再加上有高高的"书山"屏障,给他在课堂上讲话、睡觉提供了"地利"之便。我提醒他几次,效果均不明显,如果明确地说他在课桌上摆放这么多书是为了方便讲话、睡觉,他肯定不服气,因为没有哪条纪律规定书桌上书的数量。看来强攻不行,还需智取。

下课后我走到他身边,一脸真诚地说:"我可以帮你一个忙吗?"一脸真诚的老师要主动帮助自己,无论多么倔强的学生也不会在这个时候和老师顶撞。他不明白我葫芦里卖的是什么药,就问我帮什么忙。我说:"我想帮你整理一下你的书,以方便你学习。你指挥,我整理。"他明白了我的用意,我还没有动手,他就以最快的速度把自己的书山削平了。我回到讲台的时候,一眼望去,他的举动可以一览无余了。

【启智故事】

老禅师与小和尚

古代有一位禅师。一天晚上,他在禅院里散步,突然看见墙角有一把椅子。他一看便知有和尚违反寺规翻墙出去了。

老禅师也不声张,走到墙边,移开椅子,就地蹲下。过了一会儿,果真有个小和尚在翻墙,小和尚在黑暗中踩着老禅师的背脊跳进了院子。

当小和尚双脚着地时,才发现刚才踏的不是椅子,而是自己的师父。

他顿时惊慌失措,张口结舌。但出乎意料的是,师父并没有厉声责备他,只是以平静的语调说:"夜深天凉,快去多穿一件衣服。"

老禅师的宽容让小和尚无地自容。从此以后,他再也没有犯类似的错误。

故事启迪

> 老禅师用他博大的胸怀演绎了教育的力量。在他的思想里,规矩不是最重要的,自己的尊严也不是最重要的,小和尚的成长才是他的最终目的。老和尚正是教师的榜样。

第 7 章
情绪 ABC：改变对搅局行为的认识

【慧心慧语】

> 遇到不顺眼的人，不妨给他一个微笑；平日里最不待见的人做了值得称颂的事，不妨也给他点掌声。如果你实在是不喜欢这个人，不妨去寻找他的优点。如果能静下心来多想想他的优点，你会发现，即便他再怎么令人讨厌，也有可爱的一面；再卑微，也有值得你尊敬的地方。如果你实在找不出他的优点、他的好，那你要感激上帝，是上帝刻意安排他来磨炼你。

【案例导入】

第一节课是陶渊明的《归去来兮辞》。自信满满的我认为自己早就把课备得滴水不漏，开场白之后果然顺风顺水。

在这节课即将结束的时间里，我让学生自由提问。一只手高高举起——是玉洁。"老师，你讲的东西书上都有，何必浪费那么多时间？不如讨论一下，如果把陶渊明放到现代，是不会有女人嫁给他的，对不对？"我一听就来气：不把注意力放在对课文的诵读和理解陶渊明厌恶官场、回归自然、做回自我的行为上，偏偏去讨论这些旁门左道的东西！这分明是在捣乱。但是我不想发火，我想在学生心目中留下一个亲和的好印象。而且对玉洁，我可不想采取正面交锋的策略，在耳闻了她的种种"劣迹"之后，好胜的我倒想和她好好周旋周旋，让她知道"道高一尺，魔高一丈"。

"那你说说，为什么没人会嫁给他？"我想她可能没料到我会顺着她的竿往上爬，但是我想错了。她口齿伶俐，字正腔圆地回答："第一，他嗜酒如命，穷得连吃饭都没有钱，还要赊酒喝；第二，他完全没有家庭观念，做官只顾自己，自己不高兴了就回家，一家老小喝西北风他也不管；第三，他除了种花外没有什么其他爱好，跟了这样的男人就是活受罪，没有什么盼头。"我承认，她是有备而来，并不完全是胡说八道。但是我依然恼火，明摆着她是在向我炫耀，公然向我挑战，于是我又问："那你说说，什么样的人会嫁给他？"

事后我为此追悔不已，表面上是我对她的捣乱不依不饶，实际上我已经被她的思路影响，完全失去了应有的镇静，而且打乱了原有的教学计划，只想着怎么给她一记猛招将她制服。

为何老师对这个学生的"搅局"感到很痛苦呢？为什么老师没有找到恰当的应对措施呢？这个学生为什么会有如此"独特"的见解呢？正确的引导方法在哪里？

【方法探究】

我们可以尝试用情绪 ABC 理论来重新认识学生的"搅局"行为。

1. 情绪 ABC 理论

情绪 ABC 理论是由美国心理学家埃利斯创建的。该理论认为，诱发性事件 A（activating event，简称 A）只是引发情绪和行为后果 C（consequence，简称 C）的间接原因，而引起 C 的直接原因则是由个体对诱发性事件 A 的认知和评价而产生的信念 B（belief，简称 B），即人的消极情绪和行为障碍结果（C），不是由某一诱发性事件（A）直接引发的，而是由经受这一事件的个体对它不正确的认知和评价所产生的错误信念（B）直接引起的。错误信念也称为"非理性信念"。

如图2中，A指事情的前因（或诱发性事件），C指事情的后果，有前因必有后果，但是同样的前因A产生了不一样的后果C_1和C_2。这是因为从前因到后果之间，一定会通过桥梁B，这座桥梁就是信念和我们对情境的评价与解释。又因为，同一情境（A）之下，不同的人的理念以及评价与解释不同（B_1和B_2），所以会得到不同后果（C_1和C_2）。因此，事情发生的一切根源在于我们的信念、评价与解释。

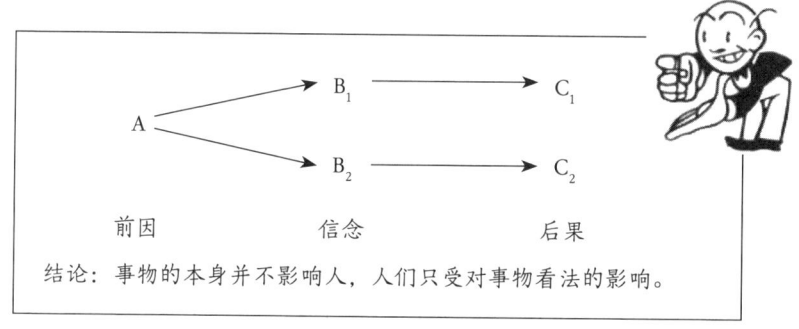

结论：事物的本身并不影响人，人们只受对事物看法的影响。

图2

埃利斯认为，正是我们常有的一些不合理的信念使我们产生情绪困扰。久而久之，这些不合理的信念还会引起情绪障碍。在情绪ABC理论中，A表示诱发性事件；B表示个体针对此诱发性事件产生的信念，即对这件事的看法、解释；C表示这些情绪和行为的后果。

通常人们会认为诱发性事件A直接导致了人的情绪和行为后果C，发生了什么事就引起什么情绪体验。然而，你是否发现同一件事对于不同的人会引起不同的情绪体验？例如，两个学生在一次考试中都失败了（A事件），一个学生认为这次失败提醒自己以前的学习态度和学习方法出现了问题，他需要找出知识结构的漏洞，感谢这次考试，一切还来得及时，"如果发生在高考中就惨了"（B信念），于是这个学生变得态度很积极，他努力学习，真正把失败变成了成功之母（C后果）；而另一个学生面对失败（A事件），认为自己很丢面子，同学会嘲笑自己，他怀疑自己的学习能力（B信念），于是变得非常焦虑，甚至萎靡不振（C 后果）。

正如莎士比亚所说的：事件本身没有意义，是对事件的认识产生了意义。对于同一个事件，不同的信念（B）会产生不同的意义，同时引发不同的回应。

我们再来分析上述案例中教师的 ABC 反应模式。

A："老师，你讲的东西书上都有，何必浪费那么多时间？不如讨论一下，如果把陶渊明放到现代，是不会有女人嫁给他的，对不对？"

B：不把注意力放在对课文的诵读和理解陶渊明厌恶官场、回归自然、做回自我的行为上，偏偏去讨论这些旁门左道的东西！这分明是在捣乱。

C："我一听就来气"。虽然老师克制自己不发火，但内心的情绪已经发生变化，后面的沟通自然不会太和谐。

如果教师改变一下反应模式呢？

面对同样一个 A，如果教师认为这个学生思维独特，有自己的理解和思考，只是暂时产生了认识偏差，只要教师引导得当，这个学生值得培养（B），那么教师会接纳和欣赏学生（C），教育效果自然不同。

我们再分析一下学生对陶渊明喝酒行为的 ABC 反应模式：

第一，他嗜酒如命，穷得连吃饭都没有钱，还要赊酒喝。

第二，他完全没有家庭观念，做官只顾自己，自己不高兴了就回家，一家老小喝西北风他也不管。

第三，他除了种花外没有什么其他爱好，跟了这样的男人就是活受罪，没有什么盼头。

这种反应说明她对酗酒、不重视家庭和游手好闲之徒特别厌恶。这就是她的信念。而这个信念的形成一定和她的人生经历有关。而在这个年龄段对她的信念影响最大的就是家庭。由此，我们可以推断出她的家庭肯定有问题。这样我们就比较容易把握学生当前的内心事件、信念和价值观,进而找到有效教育的途径。

教师如果根据情绪 ABC 理论读懂这个学生背后的故事,对该生的教育肯定能切中要害。

教育方法有两个:一是尊重学生的感受;二是想办法改变学生对过去经验的认识,从而丰富学生的思想蓝图。例如,引导学生看看其父亲酗酒有没有其他原因,例如工作压力大、夫妻关系不好等,再从旁观者的角度理性思考其父母离异的原因。这样,玉洁也许会重新定义父母的离异,从而改变以前不正确的看法。当思想信念改变了之后,玉洁对事件的反应也会随之改变。

2. 基于 ABC 理论的合理情绪疗法

合理情绪疗法是 20 世纪 50 年代由埃利斯在美国创立的,它是认知疗法的一种,因为采用了行为心理咨询的一些方法,故又被称为"认知行为疗法"。合理情绪疗法的基本理论主要是 ABC 理论,这一理论又是建立在埃利斯对人的本性的基本看法之上的。

埃利斯对人的本性的看法可归纳为以下几点:

①人既可以是有理性的、合理的,也可以是无理性的、不合理的。当人们按照理性去思维、去行动时,他们就会很愉快、富有竞争精神且行动有成效。

②情绪是伴随人们的思维而产生的,情绪上或心理上的困扰是由不合理的、不合逻辑的思维造成的。

③人具有一种生物学和社会学的倾向性,倾向于其具有理性的合理思维和无理性的不合理思维。任何人都不可避免地具有或多或少的不合理思维与信念。

④人是有语言的动物,思维借助于语言进行。不断地用内化语言重复某种不合理的信念,将导致无法排解的情绪困扰。

为此,埃利斯宣称:人的情绪不是由某一诱发性事件本身引起的,而是由经历了这一事件的人对这一事件的解释和评价引起的。这就是ABC理论的基本观点。

我们应对学生"搅局"行为的时候，要运用情绪ABC理论，因为改变教师的信念，就会改变教师对学生的认识；改变学生的信念，就能改变学生的行为。

【应用实例】

1. 游戏高手

课前演讲，一个学生站在讲台上说了一句"高手寂寞"，然后宣布演讲结束。全班愕然。

师：能告诉我们你在哪个方面是高手吗？

生：打游戏。

师：你打游戏的水平有多高？

生：大约是千分之一的水平吧（1000人里面的第一名）。

师：我感觉这个水平还不足以达到寂寞的程度，说是高手还有点儿早。真正的高手不只是自己打游戏打得好，还能靠游戏成就自己。

生：打游戏也可以赚钱的。

师：很好，我希望你能把游戏作为你的事业，可以吗？

（学生困惑）

师：我给你推荐一个真正的高手——史玉柱。他靠游戏成就了自己的人生梦想。我希望你不但能打游戏，还能让别人玩你开发的游戏。可以吗？

生：可以。

师：知道怎样才能做到这一点吗？

生：要考大学。

师：是的，我给你推荐中山大学软件工程专业。如果要考取这所学校，你知道自己现在应该怎么做吗？

生：好好学习。

师：是的，让我们为你人生的梦想而共同努力，好吗？

生：好的。

2. 上课睡觉的学生

一位平时表现比较优秀的女同学，最近在历史课的课堂上小动作不断，甚至还睡觉。我找该生谈话，一开始她很激动地说："我就是不喜欢这个老师。"这让我感到很意外，因为：全班绝大多数学生对该老师的评价一直不错，为什么单单这个学生有那么大的意见呢？

师（和蔼地对她说）：能告诉老师为什么吗？

生：一开始我也不这样，我会上课认真听讲，课后认真完成作业。但一段时间后，我发现历史老师不喜欢我，好像对我有意见，所以我就不喜欢他了。

师：你根据什么说老师不喜欢你呢？

生：因为他从来都不提问我，我想可能是由于我成绩不优秀，所以我很认真地学习历史，但我的测验成绩好时他也不表扬我，还是不提问我。我就开始用小动作来引起老师的注意，结果他还是不理我。最后，我只好用更严重的行为来引起老师的注意，那就是睡觉。

师：你睡觉老师不理睬你，还有没有其他的原因？

生：我没考虑过。

师：也许老师认为你真的不舒服，心里想：该生平时表现很优秀，现在她不舒服，就让她睡会儿吧。

生：老师真的这样认为吗？

师：我建议你主动和老师交流一下，好吗？不要因猜想而误解了他人。

一个星期之后，该生又找到我，兴奋地对我说，没想到历史老师那么好，那么和蔼可亲，现在她听课感觉趣味无穷。她再也没有在课堂上睡觉了。

3. 无言的对抗

语文课进行中。一个学生坐在后排，袖手旁观，好像学习与他无关。我提醒说："要学会做笔记，把关键的词语写下来。"该生懒懒地说："过一会儿写。"我追问道："你的一会儿是多久？"该生有些不耐烦地说："不知道。"

闻听此言，我内心不爽，但考虑到课堂的整体效果，暂时按下不表，等课后找时间再做计较。

晚自习时我把该生叫到办公室，先聊一些轻松话题化解他紧张的防御心理，然后用轻松的语气转入正题。

师：能不能把我们课堂上的对话再演练一遍？

生（有些不好意思）：我太应付你了。

师：知道你这样说话我会产生怎样的感受吗？

生：认为我不太重视学习。

师：还有呢？

生：对老师没有礼貌，不尊重老师。

师：还有呢？

生：你肯定会很生气。

师：我是很生气，知道我为什么生气吗？

生：知道。

师：这就好像一个好心人帮助一个摔倒在路边的病人，把他送到医院却还被指责多管闲事，甚至被诬陷为肇事者。好心人该生气吗？病人做得对吗？

师：如果我在课堂上不管你，你会有什么感觉？

生：至少不会顶撞老师，也不会生气，还可能会认为这个老师很好。

师：再深入思考一下，老师为什么不管你？

生：可能是放弃我了，认为我无可救药。

师：那么现在你知道老师为什么在课堂上对你追问吗？我不想给你的惰性留下借口。

生：理解了。（引导学生重新定义老师的行为，找出积极的意义，改变内心的感受）

师：我不止一次地和你们的班主任说，某某（该生）看上去很聪明，应该成绩很好啊！你并不缺乏学习的能力。（正面引导）

生（跟着补充）：我知道，我就是太懒了，不想学。

师：你那么懒，你父母和以前的老师都不管你吗？

生：父母管我，但管不住我。后来老师也不管我了。

师：知道老师为什么不管你了吗？

（学生沉默）

师：你回忆一下，以前的老师管你的时候，你是用什么态度对待老师的。

生：一般都很生气，或者保持沉默。

师：你的沉默就是一种无言的对抗，是吗？

生：是这样的，我心里很烦，又怕说得不恰当引起老师更多的批评，于是就以沉默对抗，反正就是不听老师的。

师：你这是有情绪。一个人应不应该有情绪啊？

生：应该，不过我这种情绪不好。

师：的确没有白跟我学习半年，你的看法很对。你知道这种情绪叫什么情绪吗？

生：负面情绪。

师：对了，有情绪没错，关键是如何管理我们的情绪。它就好像洪水，可以带来灾难，也可以转化为能量。就看我们用什么方式处理它了。那么我们该如何保持正面情绪呢？

生：多往好处想。

师：不错，有情绪的时候你可以这样对自己说："我就不信我学不会，我一定要考一个好成绩给老师看看，等着瞧吧！"这样的话说得越掷地有声、越情绪高涨，效果就越好。

师：如果以后你的班主任或者其他科任老师批评你，你知道该怎么做吗？

生：知道了，尽量克制自己，保持正面情绪。

师：很好，我不要求你保证绝对不顶撞老师，那是不可能的。

生（笑了）：的确是不可能，我保证了也是骗你的。

师：所以我允许你以后冒犯老师，但你一定要尽量控制。不过我允许并不代表认可，我得给你一个金箍。如果你再犯同样的错误，你准备怎么惩罚自己？

（学生有点茫然）

师：你可以犯错，因为情绪来的时候，你可能会控制不住自己。但过后冷静下来，你一定要惩罚自己，这样才能让自己表现得越来越好。

学生提出了做俯卧撑、当面向老师道歉等惩罚措施。

师：我提这个要求不是为了惩罚你，而是为了增加一点控制的力度。我相信你一定会越来越好的。

最后，学生主动向我要了一张寒假作业的试卷，并保证按时补交。

【启智故事】

医治怀才不遇的"秘诀"

有个年轻人自我感觉很有才华，但在生活上遇到很多波折，于是便觉得活着没意思。有一天他决定跳海，但他刚跳下去就被一个老渔夫用渔网捞了起来。

他很生气，冲着老渔夫嚷道："你是什么意思，把我捞起来干什么？"

老渔夫说："年轻人，为什么跳海呀？你这么年轻多可惜呀！"

于是年轻人就对老渔夫诉说了他怀才不遇的苦衷。

老渔夫听完，说道："哎呀，你今天遇到我，算是运气来了。我正好是医治怀才不遇的专家。我帮你治治吧！"

年轻人很诧异，急忙问老渔夫医治之法。

老渔夫说:"如果你想知道我的秘诀,就必须答应我一个条件。"

老渔夫说着,顺手从沙滩上捡起一粒沙子,往旁边一扔,说:"年轻人,去把我刚才扔掉的那粒沙子找出来,我就告诉你。"

年轻人听了,很生气地说:"你想耍我呀?这么多沙子,我怎么知道哪一粒是你扔掉的呀?"

老人听了,笑着说:"别生气,我这里还有个条件,如果你满足了我这个条件,我也告诉你。我这里有一颗珍珠,我把它扔到沙滩上,你去给我找回来。"

年轻人轻而易举地把珍珠找回来并交给了老渔夫,然后很虔诚地说:"老人家,我把珍珠找回来了,你可以告诉我秘诀了吧?"

老渔夫一脸安详,说道:"年轻人,秘诀我已经讲完了。"

故事启迪

有的人之所以有怀才不遇的感觉,是因为他是无数沙子中的一粒,跟旁边的沙子没有太大的区别;但如果你是一颗珍珠,那么伯乐就会更容易发现你。所以说,这个世界上不是没有伯乐,而是因为你不是一匹真正的千里马。

教师可以向老渔夫学习什么呢?

第8章
放下我执:事实不一定等于真相

【慧心慧语】

> 心缺自尊,言行必卑贱;心缺敬畏,言行必随便;心缺诚实,言行必虚妄;心缺涵养,言行必粗陋;心缺智慧,言行必愚痴;心缺良善,言行必恶毒;心缺美德,言行必低下。心是一杆秤,称出的是自己的言行;言行是一面镜,映出的是自己的心灵。心灵美则言行美,心灵美人生才会更美。

【案例导入】

计算机房里,老师正准备给孩子们上电脑绘画指导课。正在画画的一个学生看到戴着眼镜的老师走过来了,随口就叫了一声"四眼猪",他还得意地招手请老师看他画的具有漫画效果的"四眼猪"。因为平时学生彼此之间嘻嘻哈哈惯了,说出这样的话、画出这样的画之后,几个孩子竟然没有意识到这个绰号是对老师的侮辱。但几乎没人听到这样的称呼、看到这样的丑化仍能无动于衷,因此师生矛盾迅速激化,直至无法控制。

【改编自:《班主任之友》(小学版)2013年第3期】

【方法探究】

每个人对世界的认识都是不同的，生活经历不同，信念不同，对同一个事件的评价也不一样。

教师的生活经历和对生活的认识与学生完全不同，对事物的评价也不一样。在我们传统的认识上，"猪"是带有侮辱性的词语，例如蠢猪、猪狗不如等，所以我们很难接受把自己和猪这个形象联系起来。而对孩子来说，真正的猪已经基本上从他们的生活中消失了，进入他们感官系统的是关于猪的各种卡通形象，例如游戏中的飞天小猪、《麦兜的故事》中的麦兜形象、《小布丁》中的宝贝猪、《玛塔》中的小猪嘟吧、《无赖熊猫》中的土匪猪等。这些卡通形象深受学生喜爱，在他们的信念系统中，猪也就成了可爱的代名词。

在学生的信念系统中，"猪"是一个可亲可爱的形象，是勤劳、快乐、助人为乐、生活简单的代名词，与教师信念系统里的"受侮辱"的形象完全不同。有不同信念的人对同一个行为的感受自然也不同，于是矛盾就这样产生了。

下面我先介绍一下信念系统以及人们对外界信息的接收渠道，这样大家会更明白这起事件的矛盾点在哪里。

所谓信念系统（BVR）就是一个人所有的观念和行为以及处事方式的总和。该系统由信念（beliefs）、价值观（values）和规则（rules）组成。

信念（beliefs，简称B）是一个人对其他人与事物的观点，也即他所相信的事情或者他认为事物应该是怎样的。信念是一个人主观认定的事实，也就是这个人思维中的真理。例如：教师要真心关心学生。

价值观（values，简称V）是一个人做事情最终想获得的价值或利益。当价值足够时，我们便会觉得满足。而信念的存在是为了获得某些我们需要的价值。结合上面谈到的信念，可能得到的价值是：如此则会师生关系融洽，亲其师，信其道。

我们每时每刻的行动其实都是为了获取某些价值和利益。规则

（rules，简称R）是对某件事情具体的行为和做法。它是为了实现某些信念和价值而存在的。学校、班级的各种规章制度就是这个集体的规则。例如：教师要定期找学生谈话，了解情况。

将以上的信念、价值观和规则联系起来，可能是这种情况：教师要真心关心学生（B），如此则会师生关系融洽，亲其师，信其道（V），所以教师要定期找学生谈话，了解情况（R）。如果BVR不同，又不能尊重和接受对方的BVR，那么就会产生矛盾，并且双方都认为自己很有道理，而对方是错误的。神经语言程序学认为，没有两个人是完全一样的，每个人的人格都是平等的，一个人不能真正操控和改变另一个人。因此，有效沟通必须建立在双方彼此尊重的基础之上。

再看看大脑接收外界信息的渠道（见图3）。

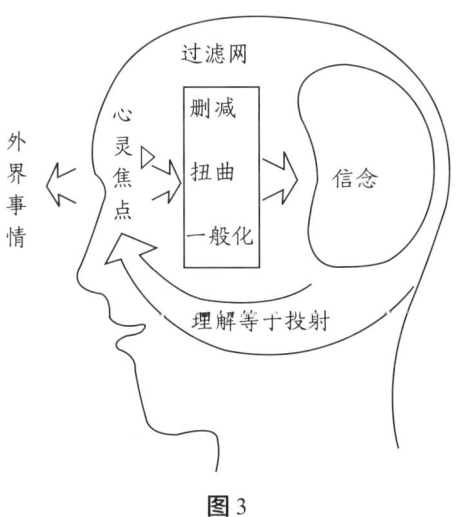

图3

大家面对同一个现象或事情，都会用自己的观念进行删减，甚至扭曲，然后形成一个规律性的认识。

"随口就叫了一声'四眼猪'，他还得意地招手请老师看他画的具有漫画效果的'四眼猪'。"这一行为通过教师的信念系统来看是这样的："猪"是侮辱人的代名词（信念），用猪来评价一个人是对这个人的侮辱（价值），学生是不能侮辱教师的，更何况教师如此喜欢学生（规则），所以教师们的评价是"学生怎能如此称呼老师，如此丑化老师，学生的素质令人担忧"。

而用学生的信念系统来看待这个事情则是这样的："猪"是可亲可爱的形象（信念），用猪来评价一个人是表达自己对对方的喜欢（价值）。正因为如此，学生才敢"得意"地招手并大胆地请老师看他的漫画。

由此来看，当教师和学生发生类似"矛盾"的时候，先不要着急发火，不妨静下心来搞清楚学生的真正动机，然后再做出反应。如果教师实在无法接受学生的评价，也不妨心平气和地告诉学生"猪"在传统意义上的意思，这样评价老师是不礼貌的，但不知者不怪，以后一定要注意。我想学生一定会改善他们的言行，并且对教师更增添一分喜欢。因为信念系统没有搞清楚，双方都带着不满来看待对方的反应，这样只会让误会不断加深，师生感情也会越来越糟糕。

【应用实例】

1. 学生在课堂上离开教室

某科任老师向我投诉，班上一女生上课睡觉，老师三番五次都不能将她叫醒，最后老师让该生站到教室后面去。结果该生起身离开教室，不知去向。

我最初听到此消息时，非常生气。学生如此无礼，怎么能不处理呢？但我还是强压怒火，决定先找学生了解情况。

生：我身体不舒服，所以才趴在桌上的。

师：你有没有告诉老师你身体不舒服？

生：我告诉老师了。

师：你能确保老师听到了吗？

生：应该听到了。

师：你只是说应该听到了，但不能保证老师一定听到了。后来你离开教室去了哪里？

生：我去了校医室，那里有记录。

后来，我建议学生写一封信向科任老师解释，并让学生在信中表达对科任老师负责态度的理解。

2. 学生被投诉讲闲话

一男生因为在自习课上讲闲话被同学投诉。我把该生叫到办公室询问。

师：你评价一下自己最近的表现吧！

生：还可以，该做的都做了。

师：具体说说怎么做的可以评价为"还可以"。

生：上课认真听课，认真完成作业，按时预习、复习等。

师：嗯，不错，好的方面要继续发扬。如果想让自己的表现再优秀一点，你认为该从哪个地方入手？

生（思考了一下）：自习课上还是会讲话，我以后不讲了。

师：自习课上为什么要讲话呢？

生：就是有的时候我已经完成了作业，不知道该做什么，于是就和周围的同学讲话了。

师：能够快速完成作业说明你的学习能力很强。你认为这个时候讲话对吗？为什么？

生：肯定不对，这样会影响其他同学学习。

师：你的认识很对，能说会道是优点，但如果知道何时何地说什么话将会优上加优。那么，当你做完作业的时候，该怎样安排自己剩余的时间呢？

生：可以看一些杂志，丰富自己的知识等，也可以预习第二天的课程。

师：很好，我相信你一定能做到自习课上不讲话，以后多注意就可以了。

过了两天,我问那个投诉的学生这两天自习课怎么样,他说好多了。

【启智故事】

颜回抓饭

孔子被困在陈国与蔡国之间,只能靠野菜充饥,7天没有吃到粮食了。

孔子白天躺着睡觉。颜回去讨米,讨米后烧火做饭。饭快熟时,孔子看见颜回抓取锅里的饭吃,他装作没看见。

过了一会儿,饭熟了,颜回拜见孔子并端上饭食,孔子起身说:"今天我梦见了先君,我要用干净的饭去祭祀先君之后再吃。"

颜回回答说:"刚才灰尘落进了饭锅里,扔掉沾着灰尘的食物不好,我就抓出来吃了。"

孔子叹息说:"人所相信的是眼睛,可是眼睛看到的还是不可以相信;人所依靠的是心,可是心里揣摩的还是不足以依靠。弟子们要记住:了解人本来就不容易啊。"

故事启迪

人常说眼见为实,可是眼睛看到的也往往不过是表面现象而已。因此,我们要学会放下己见,不要被眼睛看到的表象迷惑。只有走近学生、了解学生,才能真正得到我们想要的。

第 9 章

置换位置：多方面观察搅局行为

【慧心慧语】

> 人遇到问题，最容易犯两种错误：一是只从自己的角度出发，不能站在别人的角度思考；二是出现了问题总喜欢猜疑，甚至只是以一种高高在上的姿态去挑剔别人，但事实往往和他所想的正好相反。

【案例导入】

班上有个学生很自信，且有较强的办事能力，刚开学时他被推举为班长。但是随着时间的推移，他连学生基本的行为规范都做不到。宿舍卫生完不成，舍长跟他说，他也不听。我问他，他就回答一句："忘了。"交给他的班级管理任务他完成起来也是拖拖拉拉的，问起来他就说他知道该什么时候完成，叫我不要催他。上课他从来不听讲，提问他，回答就是："不知道。"

他原来比较诚实，问他问题，他会如实说。自从辞去班长职务后，他就啥也不说了。他怂恿别人一起赌博，还说"这没什么，报到第一天，又没开学"。本来他就不是很外向的人，现在变得像黛玉一样，写日志全是心已死、想退学之类的话。上学期我一直找他谈话，那时还可以很顺利地交流，因为他本质不坏，只是纪律散漫，自以为是，而且他信任我。现在倒好，他整天一副阴郁的样子。虽然学历不一定影响人的一生，但是他的这种心态持续下去对他是不利的。他在日志里写道，他好几次半夜醒来，睡不着觉，但是他又视纪律如粪土，不打算纠正。

我不知道该怎么办，也很纠结。请指教。

（摘自：《班主任之友》QQ 群）

【方法探究】

对于此案例中的学生，我建议该老师运用感知位置平衡法来试着与其沟通。

感知位置平衡法是在换位思考基础上的进一步提升。换位思考只是双向的，而感知位置是让"当事人"站在自己、对方和多个旁观者的角度来对同一个行为进行认识和评价，从而达到想要的教育效果。

感知位置平衡法可以在另一方不在场的情况下，改变一个人对另一个人的看法（感知模式）。因为人的思想和身体由内心支配，对一个人的感知模式改变了，面对那个人的时候，声调、身体语言、选用的文字，乃至说话和行为的模式都会有所改变，沟通效果和双方关系便会因此而发生变化。

第一位置：站在自己的角度体验情境。教师可以引导学生畅谈自己的感受、真实的想法、行为的动机等。无论学生怎样说，教师都要尊重学生内心真实的感受，同时要关注学生真正的动机（具体请参考本书第 11 章"重定意义：发现学生行为的正面动机"）。案例中的学生真正的动机并不是想"死"、想"退学"，而是想以此唤起他人的关注、理解和同情。尤其是被免去班长职务之后，他更渴望用另一种方式来证明自己的价值。

第二位置：站在别人的角度体验情境。教师可以利用空椅子技术，让学生离开座位，然后问学生："这个椅子就是你，你现在是老师，从老师的角度来看，你该如何看待自己的表现？"这就是传统意义上的换位思考。一定要让学生进入教师的思维状态，这是很关键的一个环节。

这个位置还可以换成多个身份，例如：假设自己是班里的其他同学（可以根据班级情况选择某个各方面都比较优秀的学生），如何看待自己的表现；化身为父母，该如何看待自己在学校的表现等。

第三位置：站在情境外。像个旁观者那样体验。这个环节让学生站在更大的圈子之外，看待他和教师、父母、同学，用更客观冷静的态度来分析各个角色的观点和行为。

这个技巧是把内心的"感知模式"经由一把椅子而实物化，改变自己内心的一些信念、价值观和规条，并且通过言语和行为来实现，使"感知模式"发生改变，因而下次见面，对同样的人就会有态度上的改变。

当学生不断感受不同位置上的看法和感受的时候，他就会慢慢地走出自己思想的局限，再加上教师的理解、认同和有效的引导，学生的行为自然就会发生改变。

【应用实例】

1. 顶撞老师之后

一个学生在课堂上顶撞老师，我分别让这个学生站在自己、老师、同学和父母的角度来看待这个行为，结果学生真心地认识到了错误。当他只站在自己的角度思考问题时，他强调自己的道理，说自己受到了什么委屈。当他站在老师的角度时，他感受到了自己的不礼貌行为给教师带来的负面影响，同时也认识到了教师对学生的关爱。当他站在同学的旁观者位置看待这个行为时，他感觉到了同学们对他"无礼"的评价。当他站在父母的角度思考问题时，他感受到了父母对孩子教养不当的羞愧。后来这个学生通过向老师道歉、向同学道歉来挽回自己的负面影响。在整个谈话过程中，我都没有对学生做任何要求，学生自然地就完成了这种自我教育。

2. 座位不理想

生：老师，我的座位不理想，我想调换座位。

师：哦，怎么不理想？说来听听。

生：虽然同位学习比较厉害，但是他不善于教别人，后面的两个同学成绩也不太好。（他们都比该生的成绩好）

师：那你就教同位啊，这样才显得你有价值。

师：我的理解是你想和成绩好并能给你带来帮助的同学同位。那么我问你一个问题，假设有一个成绩好的同学，他是否愿意和你同位呢？

生：可能不会。

师：如果这样，何必非要乞求别人呢？那样你的心里能舒服吗？

生：不舒服，很有压力。

师：所以，我希望你能做一个大家都希望和你同位的学生，这样的感觉不是更好吗？

生：感觉是好，但也不是一下子能做到的。

师：那么你认为要做一个大家都希望与之同位的学生需要哪些条件呢？

生：成绩好，热心助人，不吵闹，不影响同学学习。

师：这些你都做到了吗？

生：好像没有。

师：我希望你很快就能成为一个大家争着和你同位的学生。

生：好吧，我努力，先不用调动位置了。

【启智故事】

擦亮你的窗户

有位妇女多年来总是嘲笑住在对面的那位妇女太懒惰："那女人的衣服，永远都洗不干净。你瞧，她晾在院子里的衣服，总是有斑点……"

这一天，一位好友到她家来玩。她将好友领到窗前，指着对面晾出的衣服，又将那位妇女嘲笑了一番。好友透过窗户望去，那些衣服上确实有斑斑点点，像是没有洗干净。

噢，不对！当好友移动身子时，发现那些斑点也在动。原来不是对面的妇女衣服洗得不干净，而是她家里的窗户脏了。于是，细心的朋友拿了一块抹布，把窗户上的灰尘仔细地擦掉，说："看，这不就干净了？"这位妇女看后，脸顿时红了。

一个人发现别人的错误比发现自己的错误容易，而错怪别人也比检讨自己简单。因此，我们不妨常提醒别人："擦亮你的窗户。"而我们更应该常常扪心自问："我的窗户擦亮了吗？"

故事启迪

> 苛求自己的缺点，善待他人的不足。这应是我们最基本的人生态度。
>
> 我们所"看到"的别人的缺点有多少是由于自己的缺陷造成的？正所谓"仁者见仁，智者见智"，丑陋者见到的也是丑陋的世界。怪罪别人，不如首先检讨自己。

第 10 章

理解层次：从更高层次审视教育行为

【慧心慧语】

　　具有不同思想境界的人对事物的认知、理解和运行规律的掌握不同，其能量也不同。

　　我们每个人都有着对美好事物的追求与向往，而有形的物质来自无形的精神能量，精神能量的发展在于思想境界的提升和对情绪的释放。因此，改变命运，在于化解自我的执着，完成思想上的自我超越，疏通能量的阻塞，在获得能量提升的同时，让这无处不在的能量正常地流动起来。

【案例导入】

　　上次在一所学校听课，教师讲的是苏轼的《定风波》。上课伊始，教师问学生："你们了解苏轼的哪些方面？"一个学生说："他会做红烧肉。"教师说："喔，他是一个好厨师，说明他有生活情趣，多才多艺。"下面一个学生在座位上说："那他用不用地沟油啊？"全班学生哄笑。教师没理他，继续上课。

【方法探究】

　　该教师对第一个学生的回答给予了肯定，毕竟苏轼和红烧肉还是有关系的。而面对第二个学生的回答,教师却采取了置之不理的态度,固然这种方式保证了课堂的有序进行,但也说明该教师将学生的话语无形当中归为"搅局"行为,同时也暴露了该教师对课堂的掌控和引导不足。

一般情况下,人们对事件的理解分为六个层次,由下往上分别是:环境、行为、能力、信念和价值观、身份、灵性(见图4)。前三个层次为基础层次,后三个层次为精神层次。一般人对事件的理解都会停留在基础层次,在这个层次上看问题往往会出现"公说公有理,婆说婆有理"的局面,容易产生困扰、困惑。

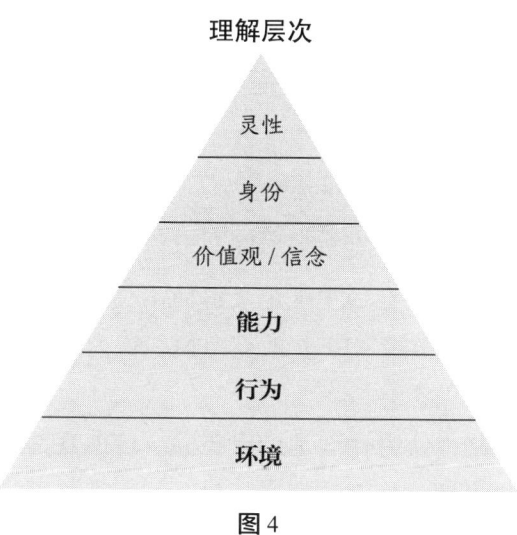

图4

环境、行为、能力这三点比较容易理解,也就是要具体问题具体分析,结合当时的情境、当事人的具体行为和能力来理解。下面我重点介绍一下上面的三个层次。

1. 信念和价值观

(1)信念

信念,说简单点,就是相信的念头。信念是人生活的规条,虽然我们常常误认为信念是事实，但信念其实并不一定是事实。信念从小就在我们的脑中存在。信念是行为的红绿灯。我们的行为往往基于我们以为信念是真实的，假如行为结果是我们喜欢和接受的，我们便会继续以为这些信念是真实无误的。比如"先付出后享受""一分耕耘一分收获""我很不好看"等。我们从小到大每天都会接收很多信念。

如果案例中教师的信念是学生一定要遵守课堂纪律，不能随便讲无关的话，教师在课堂上要按时完成既定的教学任务，不能因为少数而影响了多数，那么该教师自然就会把第二个学生的行为当作"搅局"，选择置之不理了。

如果案例中教师的信念是学生犯错是其成长的过程，要利用他的问题引领其成长，那么该教师可能就会利用这个机会对其进行引导。例如，教师可以这样引导："看来你比较关心社会问题，暂且不说当时有没有地沟油，即使有地沟油，你认为苏轼会使用吗？为什么？"这样就把学生"搅局"的行为当作了探究苏轼精神世界的引子，是难得的教育资源。不同的信念决定了不同的反应。所谓的事实只不过是我们自己的信念对外界存在的主观定义，而不是真的事实（这部分内容请参考本书第 7 章"情绪 ABC：改变对搅局行为的认识"）。

（2）价值观

价值观，就是你认为什么是最重要的。价值观是人一生中主要动力的源头。当个人的价值观得到满足时，我们会得到满足感、协调感或亲和感；当价值观不能得到满足时，我们便会感到不满、矛盾或被冒犯。

每个人都会根据事件对自己的意义和重要程度为价值层次排序。大部分的价值观是潜意识的，因此我们并未察觉它的存在。但人们通常会留意到自己在意识层面的价值观，因此潜意识与意识之间的价值观可能互相矛盾。

有的人用了很多精力来压抑情绪，把情绪推向潜意识深处，以至于不能察觉。

如果教师认为按时完成教学任务最重要,那么他会对学生置之不理;如果教师认为教师的权威不容侵犯,那么他很可能会对学生大发雷霆;如果教师认为培养学生美好的心灵最重要,那么他就有可能包容学生,然后相机引导。

2. 身份

身份不是指职务,而是指你是个什么样的人。例如,有的教师认为自己就是一个教书匠,教书只是一份养家糊口的工作而已,那么他就会按照教书匠的方式来工作。有的教师认为教书不只是一份工作,还是一项事业,承载着学生灵魂塑造的重任,那么他就会从教育家的高度来看待学生。

教师看待学生也往往存在身份的认同问题。如果认为学生是一个关心社会、思维活跃、善于思考问题的人,那么教师对学生的认识就会是积极的;如果认为学生经常在课堂上捣乱,那么教师对学生的认识就会是消极的。

3. 灵性

灵性就是你与世界的关系,就是你为这个世界、社会做出了什么有价值的事。

人民教师是太阳底下最有光彩的人,他们为世界、为国家做出了很大的贡献,是最有灵性的一群人。

记住一句话:人类因教师而精彩!

还要记住:今天孩子的行为就是未来国家的文化!

当站在更高的层次来看待学生的"搅局"行为时,教师就会发现一切都是那么简单、那么美好,所有的行为都是宝贵的教育资源,每个孩子都有那么多的可爱之处。

【应用实例】

1. 你的头发好有型

师：你的头发好有型哦，很有飘逸感。

生：我下个礼拜就去理发。

师：你的发型模仿的是哪个偶像啊？

（学生笑，无语）

师：艺术家是因为有艺术才有发型，我们不能只有发型而没有艺术。等你将来才华横溢需要长发来展示的时候，再整这些发型吧。

2. 阅读有用吗

生：老师，阅读有用吗？

师：哦，看来你很喜欢读书，并且读了很多书。

生（暗喜并感到惊奇：老师怎么知道我喜欢读书的？）：是的，很多名著我都看过。

师：你也认为读书是有用的，只是你读了很多书，但自己的作文写作水平并没有明显提高，于是产生了怀疑而已。

生（更惊奇，连这个想法都被老师猜透了！）：是的，都说开卷有益，可是我的作文得分并不是很高。

师：你认为是什么原因呢？

生：可能是我还不能把阅读的内容迁移到写作上来吧！

师：有道理，阅读是提升自己，写作是表达自己。只要你用心读书，最后肯定会有收获的。

生：我也相信我一定能成功。

最后，学生很高兴地离开。

3. 谁该擦黑板

一学生课前演讲，讲到师生关系的时候说："为什么一定要让学生擦黑板呢？如果说老师上课很辛苦，那么我们学生一天要学习8节课，而老师一天才上2节课。学生比老师更辛苦。"

师：如果只是局限于谁该擦黑板这个问题，那么大家都可以给出很多的理由。所以我尊重你的看法。我只是想问问同学们，作为学生，你们是受教育的对象，除了接受课本知识之外，你们还应该接受什么教育？

学生陷入思考。

师：一个人的成长，除了要学习知识之外，还有很多东西需要学习。例如：爱心、责任、勇敢、包容、团结，等等。如果没有这些非智力因素的培养，一个人拥有的知识越多越可怕。看看以前发生的复旦大学研究生投毒事件，再回顾一下清华大学学生被同学投毒一事、轰动全国的马加爵事件等。

师：从家庭教育来说，父母都主张让孩子从小学习做家务，难道我们还要问父母"为什么要让我洗碗"吗？这不是谁该洗碗的问题，而是孩子的培养问题。所以，当我们从更高的层面来看待一个行为的时候，我们才更容易理解为什么要这样做。

学生领悟。

【启智故事】

价值取决于理解力

有一天，师傅给了徒弟一块美丽的石头，说："你去市场试着卖掉它。但不要真的把它卖掉，只是试着卖掉它。多问一些人，注意观察，然后告诉我，它能卖多少钱。你先去菜市场看看。"

徒弟来到了菜市场。很多人认为这块石头可以做很好的小摆件，或者可以给孩子玩，或者可以把它当作某样东西。于是他们出了价，但都只不过是2元到10元不等，最多也不过是10元。

徒弟回来告诉了师傅。

师傅说："你再去黄金市场问问那儿的人。但还是不要卖掉它，只是问一问价格。"

从黄金市场回来，这个徒弟很高兴，说："这些人简直疯了，他们的反应也不一样，出价从500元到1000元不等。有人竟乐意出1000元。"

师傅说："你立刻去珠宝商那儿，但还是不要卖掉它。"

徒弟去了珠宝商那儿，他确信自己没有听错——珠宝商出了1万元，然后珠宝商继续抬高价格到10万元。但是徒弟说："我不能卖掉它。"

珠宝商说："我们出20万元！20万元总可以了吧！只要你卖，你要多少钱，我就给多少钱。"

徒弟说："我不能卖，我只是问问价。"他不知道是自己的耳朵有问题，还是珠宝商疯了。

徒弟回来后，师傅对他说："我们没有打算卖掉它，不过现在你该明白了，一块美丽的石头，它有什么样的价值，关键是要看你有什么样的理解力。"

> **故事启迪**
>
> 一个教师，如果只有"菜市场的理解力"，把自己所教的学生理解成"没什么特别，既不太聪明也不太愚蠢，只有一般的背景和能力的普通孩子"，他的学生就真的会表现平平，只能取得普通的学习成绩。
>
> 一个教师，如果有"黄金、珠宝市场的理解力"，把自己所教的学生理解成"个个都是天才儿童，非常聪明好学，只是有些偷懒、调皮，有时甚至想愚弄老师"，他的学生就会有突出的表现，取得比普通学生优异的学习成绩。

第 11 章

重定意义：发现学生行为的正面动机

【慧心慧语】

> 在人生路上，谁都有可能碰到"绊脚石"，都可能会遇到"墙"。有些人被"绊脚石"绊倒以后就再也爬不起来了，有些人则突破自我限制，打开思路，化不利为有利，把"绊脚石"变成"垫脚石"，从而翻越了那堵阻碍自己的"墙"。怎样面对"绊脚石"和"墙"，全在于你自己的心态与选择。

【案例导入】

这是一次我在外地演讲的时候，一位老师提供的现场交流的案例。

该老师是一位比较年轻且富有责任感的女老师，她告诉我，班里一个男生失恋了，因为该生比较信任她，于是就向她倾诉，表示那个女生对他非常重要，但那个女生拒绝了他，他都想跳楼了，同时他又希望老师不要告诉他的家长。

结果该老师很担心学生真的会跳楼，于是就联系了学生的家长。学生知道后，对老师大发雷霆，说老师出卖了他，并且一拳打在了办公室的门玻璃上，结果手上鲜血直流，住进了医院。

该老师问我她当时该怎样处理才妥当。

【方法探究】

从一般的教育方法来说，该教师的行为并没有什么不妥的地方，毕竟学生的生命安全是第一位的，万一学生真的跳楼了而教师没有及时通知家长，就会造成无法挽回的后果，因此无论是从学生还是从教师的角度来看，通知家长好像都是必需的。

如果教师能够重新定义学生语言和行为的意义，那么处理的方式和效果可能会大不相同。我们设想一下：这个学生是真的想跳楼吗？他这样说的真正目的是想表达什么？当我把这两个问题抛给该老师的时候，她恍然大悟：原来这个学生只是用极端的语言来表达自己对这份感情的重视，渴望得到他人的理解和支持。不让老师告诉家长，也是怕家长不理解和责骂。

当理解了学生的正面动机之后，教师就可以根据这个动机来对学生进行有效的引导。教师可以先肯定该生是一个重感情的人，这样有情有义的男孩将来一定会得到一份美好的爱情。学生的情绪被接纳、动机被认可，其行为自然也会发生改变。然后教师再引导学生，问他要获得这份美好的爱情需要具备什么条件，又该怎样准备这些条件。这样就把学生从爱的感受引向理性分析，让学生明白爱情需要营养来滋润，这份营养包括生存能力、沟通能力等。甚至教师还可以主动帮助这个学生出主意来追求女生，问该生想要吸引女生需要自己在哪些方面的提升，这样就把学生对爱情的渴望转化为学习的动力。

当学生的情绪被接纳、情感被理解，又明确了人生目标之后，教师还用担心学生会跳楼吗？

听完我的分析之后，该教师才明白，她根本没有理解学生的真正动机，而是根据自己的理解来处理问题，虽然自己的做法有道理，却不是有效的。这也是很多教师处理学生问题时总是效果不理想的原因。

精神分析学派创始人西蒙·弗洛伊德认为：一个人做一些事情，不是为了得到一些乐趣（正面价值），便是为了避开一些痛苦（负面价值）。任何人任何时间的动机不外这两个。神经语言程序学认为：行为背后总存在正面动机。例如：学生考试作弊的行为背后有获取高分的正面动机；学生在课堂上讲话甚至讲一些有"轰动效应"的话，其背后可能隐含着"渴望被关注"的正面动机；学生迟交作业可能隐含着"把作业做得更完美"的正面动机。如果教师能够发现学生错误行为背后的正面动机，那么学生也容易接受对其错误行为的批评并乐于改正，因为当学生行为背后的正面动机被肯定之后，他会在潜意识里感到放松，会有一种被理解的感觉。

教师要通过积极思维找出学生的正面动机，然后相机引导，而不是简单地批评否定。如果教师只是看到学生的错误行为，忽视或否定背后的正面动机，甚至给错误的行为贴上负面的人格标签，就会激发学生的抗拒心理，造成越沟通矛盾越深、越处理问题越多的局面。

【应用实例】

1. 老师，你认为有神吗？

生：老师，你认为有神吗？

师：当然有。

众生哗然，疑惑地望着我。

师：一个人要有精神，要炯炯有神。看看，个个带神，没有神能行吗？！所以，人有时候要有一点"神"气。即使是大家所想到的信仰方面的神，如果能给你力量，给你信心，你也不妨信其有，然后带着神的力量去奋斗。如果你信其有，有的时候真的就有，就会有一种你意想不到的力量来帮助你。但要注意，生命的主体是自己，首先要让自己成为一个值得帮助的人，否则神也救不了你。

2. 爱凤姐不爱班主任

某班的电脑屏幕上被学生设置了这样两行字："我宁愿爱凤姐，也不爱××（班主任的名字）。"这些字被投影到大屏幕上，每个学生都看到了。我说:"每个人都有他的优点,我是无论如何也写不出如此有才的话的。不过如果我是班主任,我会感谢这位同学,把他当作我生命中的贵人,是他让我明白了我的教育还有很多的不足。"我的话音刚落,同学们就一致喊出了设置这些字的学生的名字,于是我又对他大加"表扬",该生讪笑不已。不久这些文字就从电脑屏幕上消失了。

3. 你还缺少什么

某天学生课前演讲的主题是"2013,你还缺少什么?"。这曾是重庆电视台的一项社会调查。之后,该生又在班级做了现场调查。很多学生回答"缺少时间"。

过后我的评价是:"大家不是缺少时间,因为每个人每天的时间都是相等的,大家缺少的是对时间的掌控和应用能力。如果简单地说缺少时间,好像自己很无奈,也往往会在潜意识里把责任推给客观原因。而如果说是'缺少对时间的掌控力',那么我们就可以思考自己怎样做才能更好,这样就有了主动权。"

【启智故事】

我只是想得到老师的一次表扬

又到了三月,又到了学雷锋活动月。那个孩子,那件尘封的往事又浮现在我的眼前。

那天,飞儿到校特别早,她一进校门就和另一个同学来到了我的办公室。

"老师,我今天在来学校的路上捡到了五角钱,交给您。"飞儿边说边把钱交到了我的手上。

"不错啊,我会把你今天拾金不昧的事情记到我们班的好人好事登记簿上。"我说道。听了我的话,飞儿和同学高兴地跑了。

到了放学的时候,有学生向我反映,飞儿的拾金不昧是假的,并有理有据,说飞儿午餐没有买菜,她把自己买菜的钱说成是捡的交给了老师。

怎么会这样呢？在我的印象里，飞儿这孩子没有什么不良记录啊！虽然她成绩属于中等，可从来不给班级和老师添什么乱，我真的有些弄不明白。

我立即找来飞儿弄清原委，事实果真如此。我问飞儿："你为什么要这样？"飞儿眼里含着泪花说："老师，我错了。我只是想得到老师的一次表扬。"

故事启迪

"我只是想得到老师的一次表扬。"像飞儿这样的中等生，在班级里学习平平，表现平平，很少能引起老师的关注，甚至很容易被老师遗忘。作为老师，我们怎么能够这样呢？这些中等生也是需要被关照的，他们的心灵同样渴望老师的慰藉。

第12章

重定焦点：指向教育的终极目标

【慧心慧语】

一个人没有缺点，也没有优点，只有特点。优点是特点的善用，缺点是特点的错用。

关注什么你就会得到什么。如果把学生当作天使，那么你就生活在天堂；如果把学生当作魔鬼，那么你就生活在地狱。

【案例导入】

校园里的恐吓电话

刘霄　杜爱华

前几天晚自习的时候，初三（1）班的两个女生和初三（2）班的两个男生逃课。他们溜到宿舍玩耍，被值日领导查获。值日领导告知班主任并要求对他们进行严肃的批评教育。

初三（1）班班主任王老师是一个以严厉闻名的年轻教师，很较真，或者说"眼里揉不进半点沙子"，只要学生犯错，他总是先狠狠地批评一顿再说，很多时候弄得学生下不来台。在初一、初二的时候，学生非常害怕他，见了他都躲着走，好像"老鼠见了猫"，师生还算相安无事。从初三下半年开始，学生的逆反心理渐强，王老师的工作方法却没有改变，时常和调皮的学生发生矛盾，师生关系紧张。这次两个女生胆敢如此，他十分恼火，在班里把两个女生毫不客气地公开批评了一顿，意在杀鸡骇猴，起到震慑作用。

当晚9点多，王老师接到匿名电话，很明显声音经过伪装："你是王××吗，我是混社会的虎子，你给我小心一点，乖乖地按照我说的去做，不然，你的全家就完蛋了！"王老师惊出了一身冷汗，急忙说："我不认识你，更没得罪你啊。"虎子说："你没有得罪我，可是得罪了别人，你现在赶紧去芭提雅（一个歌舞厅）门口，限你10分钟到，不然……"然后是一串很难听的骂人的话。

王老师不敢自己去，又不敢不去，好在他认识几个公安局的朋友，思量再三，就打电话给他们，询问应该如何报案。他们说："没事，我们陪你去芭提雅。"等这些人都到了芭提雅，却发现受骗了，对方并没有来。

王老师询问该怎么办。公安局的朋友通过回拨电话、录音取证和电信查找等环节，很快就有了调查结果：出乎所有人的意料，打恐吓电话的是学校的学生！

王老师拿出录音来听，因为变音，听不出来是谁。他认真思考可能得罪了哪个学生，想到那天批评的两位女同学，难道是她们找的人？无论他怎么做学生的思想工作，都没有人承认。

公安局的朋友来帮忙调查，很快，事情就清楚了。

原来，那几个学生正在"谈恋爱"，王老师狠狠地批评了（1）班的女同学，（2）班的男同学受不了了，觉得自己没有保护好"恋人"，太没面子了，所以就搞恶作剧，冒充黑社会的虎子给老师打恐吓电话。可是他们没想到老师会报案。后来这两个学生还通过"114"查了给他们打电话的电话号码，真是公安局的电话号码，他们吓得关了机。

他们宿舍的所有成员都是参与者，大家一起出谋划策，讨论如何恐吓老师、如何应对等。王老师对打恐吓电话的学生军强说："你只要说出参与者，承认了错误，就算了。"紧接着补充了一句："你冒充虎子，真虎子说以后想认识认识你。看看你有多厉害，一下子就出名了。"

军强吓得手一直在哆嗦。

很快，其他学生和老师都知道了军强恐吓王老师的事情。

同宿舍的十几个学生都写了道歉信，希望得到老师的谅解。王老师对军强提出要求："第一，在班级公开给老师道歉；第二，告诉父母事情的经过；第三，让父母来学校，和老师交流看法。"军强答应得很好，可是私下却散布谣言，说王老师用警察压迫自己，希望同学们支持他。

王老师让军强在班级给自己道歉，军强乖乖地在两个班级给老师道歉。因为道歉轻描淡写，王老师很不满意。很多学生则觉得王老师小题大做，伤害学生的自尊，欺负人。

军强的家长一直不来，最后，王老师求助于学校德育处领导，通知家长来学校，军强的母亲一人到校，她说："没敢让他父亲知道，怕他打孩子。再说，孩子让公安局逮了去，那也是活该。"

由于家长不配合，事情不了了之，家长、学生、老师、学校都不满意，留下了很多隐患。

【改编自：《班主任之友》（中学版）2011年第6期】

【方法探究】

纵观整个案例，好像都是学生的错，如此目无师长、无法无天的行为当然要受到严厉的惩罚。学生犯错受到应有的惩戒，这既符合教育的规律，也符合学生成长的规律，也是当前教育必需的手段。但在整个教育体系当中，学生总是处于被动成长的一方，很多学生的错误行为恰恰是社会原因、家庭因素和学校教育综合"培育"出的变异成果。各种因素都集中指向一个问题：教育焦点目标的缺失。

导致这种教育焦点目标缺失的原因有很多，既有社会整体价值观的深层原因，也有家庭教育、学校教育的具体原因。下面我谈谈案例中王老师的教育问题。

首先，王老师的教育目标不明确或者说目标失准。教育目标应该指向学生的身心健康发展，引领学生的人格成长，总之应该以帮助学生成长为中心目标。而王老师的教育目标很明显更多地向"管住学生"这个目标倾斜。因为王老师比较年轻，也许内心深处对自己的教育缺乏一种从容和自信，过分相信"严师出高徒"，认为"对学生不严镇不住学生"，在"严厉是为了学生"的观念下，他对学生的教育采取了一味严厉而缺乏有效沟通的手段。这样的教育方式换来的不是学生的理解和认同，而是强烈的内心对抗。当学生缺乏对抗能力的时候，他们只能选择忍受。"师生还算相安无事。"这"相安无事"其实只是表面现象，殊不知班级问题正暗流涌动。如果有办法从学生那里了解其对王老师的评价，我认为学生在感情层面一定是排斥王老师的，尤其是那些经常受到批评的学生。那种"老鼠见猫"的恭敬绝对不是发自内心的尊敬，更不是情感的认同。学生打电话威胁老师事件只不过是这颗种子成长的一种结果，既有偶然因素，也存在必然因素。

其次，处理案件的焦点目标缺失。整个处理过程中，王老师都没有明确目标，更多的是一种情绪的宣泄。目标不明确，处理起来自然很难有一个满意的结果。

王老师对打恐吓电话的学生军强说："你只要说出参与者，承认了错误，就算了。"从这个情节看，王老师还是以学生的成长为目标的，也采用了宽容、安抚的方法，并取得了一定效果，毕竟把参与者都找出来了。在这个关键时候，教师的态度最能让学生感受到心灵的震撼。如果处理得当，触动学生的心灵，让学生从内心感受到自己的错误，那么这就是一个经典教育案例，也许会让一个走向错误的学生彻底悔改。可遗憾的是，王老师的做法有点出尔反尔，于是又把学生逼上了对抗的道路。

"你冒充虎子，真虎子说以后想认识认识你。看看你有多厉害，一下子就出名了。"这句话带有明显的威胁意味，不过问题也不大，让学生有所畏惧也是可以的。但把事件公开化，就会剥夺学生在学校生存下去的颜面和自尊。按照一般规律来讲，当一个人的颜面和自尊受到伤害的时候，理智就会失去作用，维护自己尊严的本能就会上升，于是他会想尽一切办法来挽回尊严。"可是私下却散布谣言，说王老师用警察压迫自己，希望同学们支持他。"这就是他挽回尊严的方式之一。

"同宿舍的十几个学生都写了道歉信，希望得到老师的谅解。"这个时候应该见好就收，教师的宽容会让学生一生铭记。王老师后面的三个要求看似合理，实不合情，更没有明确的目标。

王老师对军强提出要求："第一，在班级公开给老师道歉；第二，告诉父母事情的经过；第三，让父母来学校，和老师交流看法。"

我们来分析一下这三个要求。"在班级公开给老师道歉"这样的行为必须得到学生的认可，否则道歉的结果就是在学生内心增添仇恨。后来学生轻描淡写的道歉就是他内心的真实写照。让学生"告诉父母事情的经过"的目的是什么呢？让学生的父母来学校交流的目标指向又是什么呢？家长知道情况后的反应会是怎样的呢？这样做能否促使学生反省？从事实来看，以上做法对学生的教育只是起到了反作用。

教育有时候需要防微杜渐，有时候需要大事化小。小事情不能轻易放过，大的错误有时却能成为学生"浪子回头"的最佳契机。

我们可以试着问一下王老师，对这件事的处理到底要达到怎样的一个效果？我想，最理想的答案应该是教育学生认识错误并改正错误。

那么我们再思考，在这种情况下什么样的方式才能促进学生在错误中成长呢？

因此，当我们处理学生的问题时，首先要思考一个问题：我的焦点目标在哪里？教育的终极目标指向何处？

谈到教育的"终极目标"，简单地说就是"育人"。育什么样的人、怎样育人，是不同教育派别的分水岭。有人说"教育的终极目标是培养独立、自律的学习者"，有人说"教育说到底，是自我教育"，有人说教育是"传道、授业、解惑"，苏霍姆林斯基说"教育的终极目的应该是向人传送生命的气息"，泰戈尔则说教育要"培养学生面对一丛野菊花而怦然心动的情怀"。

法国教育家卢梭有一个著名论点：教育即生长。美国教育家杜威进而阐释道：这意味着生长本身是目的，教育在生长之外并没有其他目的——比如将来适应社会、取得成就之类。此言精辟地道出了教育的本质，按照这个观点，教育应使每个人的天性和与生俱来的能力得到健康成长，而不是强迫青少年接受外来的东西。比如说，智育是发展好奇心和独立思考的能力，而不是灌输知识；德育是鼓励崇高的精神追求，而不是灌输规范。教育应使受教育者在求学阶段感受到学习是幸福而有意义的，并以此为幸福而有意义的一生创造良好的基础。一言以蔽之，教育的终极目标就是使人幸福。

学校教育的整体目标在《中国教育改革和发展纲要》中被表述为："面向全体学生，全面提高学生的思想道德、文化科学、劳动技能和身体心理素质，促进学生生动活泼地发展。"这个目标在《基础教育课程改革纲要（试行）》中被具体阐述为："新课程的培养目标应体现时代要求。要使学生具有爱国主义、集体主义精神，热爱社会主义，继承和发扬中华民族的优秀传统和革命传统；具有社会主义民主法制意识，遵守国家法律和社会公德；逐步形成正确的世界观、人生观、价值观；具有社会责任感，努力为人民服务；具有初步的创新精神、实践能力、科学和人文素养以及环境意识；具有适应终身学习的基础知识、基本技能和方法，具有健壮的体魄和良好的心理素质，养成健康的审美情趣和生活方式，成为有理想、有道德、有文化、有纪律的一代新人。"

我国著名教育专家李镇西说："素质教育的精髓是什么？那就是学会做人，学会学习。"

面对学生的"搅局"行为，教师常见的目标错位有：

（1）维护师道尊严，给学生扣一顶不尊师重教的帽子。

（2）打着维护制度的幌子，牺牲学生的成长。

为了教育大计，请教师在处理学生问题的时候，重新审视自己的教育目标，不要因为目标错位而造成教育的失误。

【应用实例】

1. 教官报复我们

生：老师，我们宿舍因为和教官沟通不好，受到教官的报复，教官找借口扣我们宿舍的分数。

师（微微一笑）：你说这些是为了让我理解你们，你们已经做得很好了，是教官的报复才让你们宿舍扣分的，你们很无辜。我理解你们的心情，但这不应该是做事的最终目的，你认为最终目的应该是什么？

生：消除误会。

师：很好，现在就是考验你们的时候，也是你们进步的机会，看看你们能否和教官进行有效沟通，达到目的。最后提醒一下：沟通的目的是消除误会，而不是争论具体行为的对与错。

学生领命而去。

2. 学生没在宿舍睡觉

师（语气很平静）：你感觉我对你怎么样？

生：挺好的。

师：你知道你向我请假，要求留在宿舍，我为什么没有追问吗？

（学生无语，脸上略有愧色）

师：那是老师对你充分信任，你的行为伤害了老师对你的信任，我感觉很难过，为自己，也为你。

生（小声而惭愧地说）：对不起。

师：你为了自己的一时方便，给身边的人造成了很大的麻烦。教官为了你检查到深夜，我为了你一夜难眠，我的家人也因为电话而被吵醒。你可能没有考虑过行为的后果，至少你没有为别人考虑过，你这样的行为很自我。你的权利需要维护，你的感受需要得到尊重，但别人也有同样的权利，希望你以后在做决定的时候多为别人考虑一下。

师：昨天本来是你值日，晚上学校突然接到"创文明城市"检查组要到我们学校进行问卷调查和检验的通知，我告诉其他同学你身体不舒服，让别人帮你。如果同学们知道你是因为怕热而逃避值日，让他们帮你干活，你说，同学们会怎么想？这样是不是会影响你和同学们的关系？这样的事情虽小可很伤感情啊！问题是你自己还意识不到，总是从外界找原因而不知道进行内省。图小便宜带来大伤害，你认为值吗？

（学生满脸愧疚）

我也不能让学生感觉颜面尽失，一无是处，毕竟批评只是手段而不是目的。我还要给她生活的勇气、信心，让她生活得更开心。

师：不知者不怪，我以前也忽视了对你这方面的教育。只要你明白道理就是进步，我希望你从现在开始更有勇气承认错误，更有勇气改正错误，让每一次的错误都成为自己进步的阶梯，成为人生的财富，好吗？现在你该怎么做呢？

生：老师，对不起，我知道错了。以后我会注意的。

3. 没穿校服

今晚歌咏比赛，要求全班同学穿校服。一个学生没穿，来找我。

生：老师，你也没发互教通，我不知道要穿校服。

师：我让班长通知的。

生：班长只在黑板上写了"6点到校"。

师：你现在说这些话是推卸责任还是批评老师和班长？我也没有责怪你。大家都穿了，只有你没穿就能说明问题。你现在首先要考虑的是怎么解决，而不是到我这里来做那么多解释。有的同学有两件，你可以去借一件。

生：好的。

（如果分析学生没有穿校服的原因，大家会各有道理，这个时候最恰当的方式就是往前看——解决问题，然后再引导学生处理问题，这

才符合教育规律）

4. 学生反映有人作弊

中段考成绩出来了，一学生向我反映有同学作弊，并指着某个同学的成绩说："他怎么可能会考如此高分呢？"我看了看该生的分数，并不高。于是说："根据你的基础，你应该考很高的分数，可是你的分数还是有点让人失望，我知道你也不满意。他人作弊，早晚会得到应有的教训，我希望你更多地关注一下自己：如何在下次的考试中把成绩提上来？"该生不再纠结他人的问题，答应好好学习，保证下次考试取得进步。

（把谈话的焦点从关注作弊转移到关注该生如何提高成绩，作弊的问题另想办法调查处理。如果顺着学生的思路谈下去，老师会陷入被动，也无法正面回应他的问题）

【启智故事】

走不回来的人

曾读过一个贪心人的故事。说是有个地主去拜访一位部落首领，想要块地。首领说，你从这儿向西走，做一个标记，只要你能在太阳落山之前走回来，从这儿到那个标记之间的地就都是你的了。

太阳落山了，地主没有走回来，因为走得太远，他累死在路上了。

贪心人走不回来，是因为贪。现实生活中还有一类人，他们不贪，可是也走不回来。

有一次，我想在客厅里挂一幅画，便请邻居来帮忙。画已经在墙上比好位置，我正准备钉钉子，他说："这样不好，最好钉两个木块，把画挂上面。"我遵从他的意见，让他帮着去找木块。

木块很快找来了，我正要钉，他又说："等一等，木块有点大，最好能锯掉一点。"于是他便四处去找锯子。找来锯子，还没有锯两下，"不行，这锯子太钝了，"他说，"得磨一磨。"

他家有一把锉刀，锉刀拿来了，他又发现锉刀没有把柄。为了给锉刀安把柄，他又去校园边上的灌木丛里寻找小树。要砍下小树，他又发现我那把生锈的斧头实在是不能用。他又找来磨刀石，可为了固定住磨刀石必须得制作几根固定磨刀石的木条。为此他又到校外去找一位木匠，说木匠家有现成的。然而，这一走，就再也没见他回来。当然了，那幅画，我还是一边一个钉子把它挂在了墙上。下午再见到他的时候，是在街上，他正在帮木匠从商店里往外抬一台笨重的电锯。

工作和生活中有许多走不回来的人。他们认为要做好这一件事，必须得去做前一件事，要做好前一件事，必须得去做更前面的一件事。他们逆流而上，寻根究底，以致把原始的目的忘得一干二净。这种人看似忙忙碌碌，一副辛苦的样子，其实，他们不知道自己在忙什么。

故事启迪

本来，教师的工作应该是教育学生，教育学生是为了帮助他们更好地成长，但是在现实生活中有的教师只看学生的成绩，不看其他。他的目的便不再是为了学生成长，而只是为了班级平均分多几分。平均分为什么要比别的班高几分呢？因为这样他便会受到学校的表扬，他也会被认为是有作为的教师。于是他加班加点，学生苦不堪言，他却认为理所当然。从教育的目的来说，他已经走得太远。

至于有些教师用挖苦讽刺的话来训斥学生，造成师生之间情绪对立，以致跟学生斗气，甚至不顾后果，为了泄愤不惜自降身份，这样的教师已经走不回来了。

第 13 章

情感银行：获取更多的教育资源

【慧心慧语】

很多人害怕付出没有回报，不愿意帮别人做嫁衣。其实上天是公平的，我们在帮别人做嫁衣时，别人也在帮我们做嫁衣。我们都曾得到过很多认识的人和不认识的人的帮助。当我们付出的时候，我们的品性得到修炼，心胸得到拓展，这样当上天准备给予我们更大的回报时，我们才能接得住、受得起。

只要有花，蝴蝶即使飞走也必回来；若是无花，蝴蝶纵然飞来也必离去。

【案例导入】

我们班有个同学脾气特别不好。有一天，该同学和其他同学发生了矛盾。我非常生气，便利用中午时间把他父亲请来，与其在办公室里进行了交流。

下午，在我已经上了将近 5 分钟课的时候，该同学进来了，没有喊"报告"，而且嘴里还骂骂咧咧的。于是我就说："你怎么搞的，来迟了不喊'报告'，而且还发出不该发出的声音。"结果该同学歇斯底里地发作了："怎么了？我就是要迟到！""我就是要打人！""都怪你把我那该死的爸爸找来，他打我，我就去打别人。"我又教育了他几句，他一激动就将桌子掀翻了，然后拎着书包、拔腿跑出了教室。

事后，经过一段时间的了解我才知道，原来该同学的父母在他小的时候就离异了，但是平时父亲、母亲都还管着他的学习。父亲脾气比较暴躁，而且母亲经常在他面前说父亲的不是。上了初中以后，他对父亲的教育比较反感，甚至对父亲也比较痛恨。

（改编自：江西教师网）

【方法探究】

从案例中可以看出，学生的情感系统出现了严重的问题，不只是情感匮乏，而且出现了严重的负债。

这种情感负债首先来自学生的家庭：父母离异是对他情感的直接伤害，父亲的暴躁也直接影响了学生处理问题的态度和方式。骂骂咧咧、动手打人、掀翻桌子等行为都是他父亲行为的翻版。

家庭的情感缺陷在学校里不但没有得到弥补，反而被强化。这种学生的行为引起教师的反感情绪是很正常的。从案例中可以看出来，学生有了矛盾，教师非常生气地请来了家长，姑且不说这样的方式对处理问题有多少帮助，其目的是为了解决问题，还是为了让家长了解学生的真实情况，从而减轻教师的教育责任，仅仅这样的行为就对学生的情感和心理造成了严重的打击和伤害，很多时候往往会变成进一步激化矛盾的推手。所以，我主张不是特别具有原则性的问题尽量不要随便请家长，这样做除了显得教育无力之外，对解决问题并没有多少帮助。事实也的确如此，上午请学生家长，下午上课的时候学生不但迟到，还骂骂咧咧的，这就说明学生内心的情感处于多么负面的状态。

对于学生的表现，教师的反应是："你怎么搞的，来迟了不喊'报告'，而且还发出不该发出的声音。"这种指责性的语言只是表达教师的气愤，并不利于解决问题。教师没有注意自己的语言细节，也没有注意培育和学生的情感关系，却单方面地希望学生配合教师的教育，这样的愿望基本上是不可能实现的。

因此，一个不怕学生"搅局"的教师，要拥有自己丰富的情感银行，能够获取多方面的情感支持，这样教师在遇到"搅局"行为的时候，才会得到更多的帮助。

那么教师该如何建立自己的情感银行呢？

1. 要有情感银行的本金——丰富的内心世界

教师首先得是一个情感丰富的人，懂得用爱心浇灌教育，用爱心看待身边的人和事，对学生的成长有足够的包容和接纳等。

判断一位教师的内心世界是不是丰富，一个重要的指标就是看他是否会经常因学生的所谓"违纪"而生气发火。当一个人的内心世界不够丰富，缺乏情感银行的本金时，就很难容纳别人的质疑、无法接受自己不认同的行为，这样的教师往往缺乏爱的能力，而不是没有爱的意识。

教师要对学生的成长有足够的包容和接纳，要尊重学生的个性、尊重学生成长的权利，允许学生犯一些成长性的错误，引导学生在试错中成长。这样的教师会用情感的海洋滋润学生不断成长的心田，让学生的个性充分发展，使学生的自我效能感不断增强。

2. 要有情感银行存款的方式——赞美

人性的弱点之一就是渴望被赞美和认可，喜欢表扬不喜欢批评，喜欢鼓励不喜欢打击。赞美是欣赏的结果，是欣赏的自然流露，是对倾听和欣赏的巩固。赞美和表扬不同。赞美不只是当面称赞学生，更重视在其背后赞美。它是融洽人际关系的法宝。赞美的方式可以是鼓励、肯定、关爱、支持。实践表明，两个互相仇视的人，如果听到对方在背后赞美自己，他们之间的矛盾就会很容易化解。教师的倾听是不是真诚的，教师的欣赏是不是发自内心的，只有听到同学的说辞时，学生才会从内心深处认同，才会对教师的教育心怀感激，才会肯定教师的诚意，并在教师所期望的方向上迈出步子。

拿破仑就深谙赞美的力量，而且他具有高超的领导艺术。他主张，对士兵要"不用皮鞭而用荣誉来进行管理"。他认为，一个在伙伴面前受到体罚的人，是不可能愿意为你效命疆场的。为了激发和培养士兵的荣誉感，拿破仑对每一位立过功的士兵都加官晋爵，而且还会在全军进行广泛的通报宣传，以这些赞美和变相赞美去激励士兵勇敢地战斗。

3. 拓展情感银行的存款渠道

教师想要和学生建立良好的情感系统、丰富自己的情感银行，就需要多渠道地往银行增加存款。

第一，教师除了直接对学生进行赞美、支持、表达关爱之外，还需要在语言、行为等细节处着想，时刻关注学生的成长，维护学生的心理和尊严。

第二，教师需要与家长建立良好的家校合作关系，取得家长的有力支持。只有和家长建立良好的关系，教师才能更全面系统地了解学生，从而对学生的行为做出预判和处理预案，这样才可能把学生的"搅局"行为消灭在萌芽状态。例如案例中，如果教师提前和家长建立良好的互动关系，就会提前了解这个学生的成长背景和成长过程，这样处理学生的问题才更有针对性，更有效果。

第三，教师需要建立和全体学生、科任教师的情感渠道。这个渠道不但会使教师获得更多的情感支持，还有助于其获得更多的信息资源和处理方法。

4. 扫除赞美的盲区

对于那些经常违纪的学生，很多教师已经形成了固有认识，可以说是带有偏见的认识，教师很难从这些学生身上找到优点。有一次我和一个班主任交流，我说要从学生的优点开始沟通。这个班主任说，学生得表现出优点，做出值得让教师表扬的事情来才行。其实，缺点的对立面就是优点。例如：一个学生总是担心，换个说法就是他做事谨慎；一个人经常违纪，换个说法就是他有冒险精神。如果教师先肯定学生谨慎或者敢冒险的品质，然后引导学生把这种品质用正确的方式展示出来，学生就容易接受教师的教导。

一个人没有缺点，也没有优点，只有特点。缺点是特点的误用，优点是特点的善用。教师要找准学生的特点，加以引导。因此，千万不要说看不到学生的优点。

当教师应用多种手段来丰富自己的情感银行时，还有什么样的"搅局"行为不能从容应对呢？

【应用实例】

1. 老师很在乎你们

课间操之前，在走廊上，两个学生匆忙与我擦身而过，我用开玩笑的语气说："老师很在乎你们，你们为什么不和我打招呼？"他们解释说要急着下楼。不过，他们转身后还是一脸兴奋，可能是没想到老师如此在乎他们吧。果然，课间操后，同样在走廊上，他们在我背后高喊"老师好"，我则满脸笑容地说："你们这样做，我很开心。"

2. 学生在自习课上讲话

一学生被同学投诉爱讲闲话，影响了周围同学的学习。我决定趁此机会和他谈心。

师：开学至今感觉怎么样？

生：基本上感觉还不错，只是数学有点儿听不懂。

师：有没有采取什么补救措施？

生：课堂上认真听课，不会的及时问老师。

师：问了吗？

生：还没有。

师：为什么不问啊？

生：看到老师从教室门口过，来不及叫老师。

师：可以到办公室去问啊！

生：不知道老师的办公位置。

师：如果真想问问题，这是很难解决的事情吗？

生：看来还是我自己的原因。

师：造成一个结果的原因往往是多方面的。人性的弱点之一就是习惯于找他人的责任，以达到自我保护的目的。那么你认为自己上数学课听不懂的主要原因是什么呢？

生：可能是自己听课不认真吧。

师：客观地讲，听不懂的原因可能有老师讲课的问题，也可能有自己听课的问题，如自己听课是否认真、是否开小差等。你能具体说说你的原因吗？

生：可能是对老师强调的重点认识不够，有时候也开小差。

师：你认为该怎样解决这个问题呢？

生：认真听课。

师：这样的回答太抽象，让我很难判断你能否做到，你可以说说具体方法。例如，有的同学上课打瞌睡，可以采取洗脸、站立等方法解决。

生：认真做笔记，巩固老师讲的重点，不会的先记下来，课后及时解决。

师：希望你尽快解决问题。除了听课外，你是否能对自己开学以来的表现做一下点评，看看还有哪些需要改进的地方？

生：自习课上有时会讲话。

师："有时"是什么概念？

生：一节课大约会讲两三次吧。

师：这还叫有时吗？这是经常讲话了。我们设想一下，你这样经常讲话，同学们会怎么看你？

生：可能会认为我很烦，耽误了他们的学习。

师：还有哪些后果呢？

生：影响了班级形象。

师：还有呢？

生：老师会认为我是一个坏学生。

师：无论理性上有多么清醒地认识到老师的批评都是为自己好，但在感性上，你对老师的批评肯定是很反感的，甚至会因此而讨厌老师。如果你经常讲话，老师必然会批评你，甚至会通知家长。这样师生关系就会恶化，没有良好的师生关系做基础，想要搞好学习是非常困难的。因此，在自习课上讲话，不但直接影响了你的学习，还影响了你和同学之间、你和老师之间的关系。你希望自己高中三年的生活是这样的吗？

生：不希望。

师：那么你该怎样做？

生：保证绝不在自习课上说话了。

后面就是强调效果的谈话，巩固学生的认识。

3. 桀骜不驯的体育生

普通班一体育生，桀骜不驯，总是绷着一张脸，上课睡觉，不做作业，很多老师对他心存畏惧。我决定利用晚自习的一点时间和他谈谈。来到办公室后，他坐在椅子上，双手扶着椅子两边的扶手，两腿敞开，颇有"老大"风范，但从他的神色中我还是看出了他的担忧和强烈的戒备心理。

师：我不是要批评你，而是想和你聊聊天，不用那么紧张。来，先笑一笑，把你的嘴角往后拉扯一下。

他试着做了，微笑之后又忍不住地大笑。这一笑，他的紧张全无。

师：你的笑容很阳光，十六七岁的年纪就应该如此阳光。你这样的神色让我看上去很愉悦。

然后我分别做了一脸严肃的神情和满脸微笑的表情，问他感觉如何。之后的谈话出奇的顺利，完全超出我的想象，他表现出对学习的强烈自信，并且给自己制定的目标也大大超过我的预期。

【启智故事】

一杯牛奶的感人故事

一天，一个家境贫困的小男孩为了攒够学费，正挨家挨户地推销商品。饥寒交迫的他摸遍全身，发现只有一角钱。于是他决定向下一户人家讨口饭吃。

然而，当一位美丽的年轻女子打开房门的时候，这个小男孩却有点不知所措了。他没有要饭，只乞求给他一口水喝。这位女子看到他饥饿的样子，就倒了一大杯牛奶给他。男孩慢慢地喝完牛奶，问道："我应该付多少钱？"

年轻女子微笑着回答："一分钱也不用付。我妈妈教导我，施以爱心，不图回报。"男孩说："那么，就请接受我由衷的感谢吧！"说完，小男孩就离开了这户人家。此时的他不仅浑身是劲儿，而且更加相信上帝和整个人类。

数年之后，那位女子得了一种罕见的重病，当地医生对此束手无策。最后，她被转到大城市医治，由专家会诊治疗。大名鼎鼎的霍华德·凯利医生也参加了医疗方案的制订。当他听到病人来自的那个城镇的名字时，一个奇怪的念头浮上脑际，他马上起身直奔她的病房。

凯利医生一眼就认出了那位女子，他决心要竭尽所能治好她的病。从那天起，他就特别关照这个对自己有恩的病人。

经过艰苦的努力，手术成功了。凯利医生要求把医药费通知单送到他那里，他看了一下，便在通知单的旁边签了字。当医药费通知单送到女子的病房时，她不敢看。因为她确信，治病的费用将会需要她整个余生的收入来偿还。最后，她还是鼓起勇气，翻开了医药费通知单，旁边的那行小字引起了她的注意，她不禁轻声读了出来："医药费已付：一杯牛奶。"签名是"霍华德·凯利医生"。

故事启迪

佛家曰：多积福报。我们通常说要与人为善，助人为乐。人是有感情的，我们投入的感情越多，积累的也就越多。因为人缘积累多了，当需要的时候，总会有人在关键的时候帮助我们。教育是一个育人工程，作为教师更要注意丰富自己的情感银行。

第 14 章

情绪密码：用正确的方式表达爱

【慧心慧语】

> 父母吵架、父母离异、家庭不和等都是对孩子能量的巨大消耗和伤害。有些父母认为给孩子好吃的、好喝的，在物质上让孩子享受更多的便利和优越条件就是对孩子的爱。其实那不是爱，而是"碍"，会阻碍孩子能量的提升和思想的成长。

【案例导入】

秦虎是个很聪明的学生，但也是个习惯很不好的学生。接手这个班后，从前任班主任那里，我了解到秦虎的一些"壮举"：打架、抽烟、上课吃槟榔、偷东西、怂恿别人做坏事。除了体育成绩拔尖外，我听到的都是对秦虎的不良反映。为了转化秦虎，我绞尽脑汁，先是个别谈心，鼓励他参加体训，争取初中毕业时以特长生的身份考上高中。当然我也免不了严厉批评，指出秦虎存在的问题。接下来家访、学生结对互助、课余时间开小灶等方法都用上了，我觉得自己已经使尽了浑身解数。还好，科任老师反映良好，都感觉秦虎收敛了许多，特别是在我面前，秦虎变得很老实，有时还躲着我，对我有点敬而远之。以前天不怕、地不怕的秦虎，是不是真的意识到了老师的良苦用心，意识到了学习的重要性，准备改头换面了呢？我开始沾沾自喜，觉得自己的教育已初见成效。

　　那是一个风和日丽的日子，我坐在办公室里一边哼着小曲，一边批改作业。班长急匆匆地跑到办公室，说秦虎在寝室里喝了很多酒，现在正在教室里说胡话。我急忙冲出去，把秦虎叫到办公室，明显感到他酒气熏人，我强忍怒火地批评了秦虎几句，并毫不犹豫地拨通了其家长的电话。一切都很正常，秦虎很安静地坐在办公室里，表情木然。可就在秦虎的家长到来时，他突然站起来，大声对我嚷："×××（我的名字），我早就看不惯你了，我恨死你了！我不读书了，你以后不要再管我了！"说完，他像疯了一样朝我冲过来，一副与我拼命的架势。我惊出一身冷汗。还好，家长和办公室里的同事迅速制止了他。秦虎的家长觉得很不好意思，一个劲儿地向我解释，说儿子酒后胡言乱语，让我别当真（秦虎的父母根本管不住秦虎，他们知道我为秦虎花了好多心思）。我没有多说什么，让家长把他带回去了。

　　对于这个孩子，我该怎么办？明天他就要来学校了，我该怎么处理？老师们，赶紧帮我想想办法吧。

（摘自：《班主任之友》QQ 群）

【方法探究】

　　案例中，教师很明显对学生秦虎倾注了一个教师的爱，尽到了责任，努力用自己的方式来帮助学生。但最后学生以疯狂的方式回应教师的一片苦心，教师的受伤和无奈是可以理解的。那么，学生是真的无可救药、恩将仇报吗？教师还有没有更好的方式来教育学生呢？

　　原因很简单，教师只是关注了自己的动机，以为只要爱学生，不管用什么方式学生都会理解的。其实爱和爱的表达方式是不等同的。下面我们先看一看人类的情绪反应密码，然后再思考如何表达爱。

　　人们往往用愤怒、责怪、怨恨等情绪化的表达方式来表达爱，并且认为这种情绪化是合情合理的。情绪行为的下面是伤痛、悲伤、失望等，因为看到对方的行为，自己感觉很受伤、很失望。而失望的下面是恐惧、不安、创伤等，这种感受也是对对方行为的担忧。恐惧的下面是遗憾、了解、责任，这份责任让自己不得不做出反应。责任越大，情绪反应往往越强烈。责任下面是意向、结果、希望，这个感受也是教师责骂学生的良好动机，是希望对方改变行为，希望得到一个好的结果。而最深层的情感是爱，"打是亲、骂是爱"说的就是这个道理。也正因为有爱的支持，所以教师责怪学生的时候才理直气壮，于是就有了一句大家常说的话："教师批评你是为你好。"很多教师往往只是强调自己的美好动机，而忽视了对表达方式的选择。

而作为被责怪的一方，他对对方情绪行为的理解往往是：责怪我说明不喜欢我，不喜欢我是因为对我有偏见。他甚至还会产生更极端的认识。于是双方对情绪化行为的理解就出现了严重偏差。这样就出现了"爱也是一种伤害"的局面。

正因为双方的思维方向严重不同，所以秦虎对老师"爱"的管教会表现出这样的状态："变得很老实，有时还躲着我，对我有点敬而远之"。这种爱的方式不但没有和学生建立良好的情感关系，反而让心的距离越来越远。于是学生秦虎就被老师用爱的名义进行了情感压抑，这种压抑郁结久了就会爆发。于是才有了学生更极端的行为：大声对老师嚷"×××，我早就看不惯你了，我恨死你了！我不读书了，你以后不要再管我了！"。

那么恰当的方式有哪些呢？

①尊重：教师一定要尊重学生的感受，不要用自己的意志来强迫他人。

②理解：教师一定要理解学生的内在感受和行为动机。

③沟通：教师一定要和学生进行良好的情感沟通，让双方在爱的基础上产生共鸣。

以上具体方法请参考相关章节。

【应用实例】

1. 你可以更潇洒

在给部分水平测试有困难的学生补课时，一学生空着手很潇洒地迟到了。练习的时候该生没有纸和笔，我说："你刚才进来的时候很潇洒、很帅气，如果你能够再用纸和笔来武装自己，那么你的形象会更潇洒。"那个学生不好意思地笑了，然后开始借纸和笔，认真做练习。

面对此情境，教师完全可以批评学生不带纸和笔，批评的目的当然也是教育他，让他以后做得更好，但效果往往相反；不如换个学生能接受的方式达到我们想要的目的。

2. 学生在课堂上吃棒棒糖

一生吃着棒棒糖到黑板上默写，完毕我让该生留步。

师：现在请你转身面向同学。

学生不自觉地把拿着棒棒糖的手放在电脑桌下面，然后感觉不妥，又把手放到了身体后面。

师：知道我为什么留下你吗？因为你是这堂课上感觉最甜蜜的人，我想让你谈谈感受。

学生很不好意思，说以后不吃棒棒糖了。

师：该吃的时候还要吃，下面再请教一个问题，吃棒棒糖有哪些好处？

学生又是尴尬地笑着，无言以对。倒是下面有同学说可以避免上课睡觉。

师：那么课上吃棒棒糖有哪些不好呢？

可能是经验使然，学生对坏处说得往往比好处更多。他很快总结出了不尊重教师、不礼貌、违反课堂纪律等。

师：看来你都懂，我希望你真正能在课堂上有甜蜜的感觉，而不仅仅是棒棒糖带来的。

学生会意地笑了。后来该生的课堂表现有了明显的改变。

3. 学生不满班主任的激励语言

"上课喧哗是孬种,有种考场见分晓。"这是一位理科班主任写在教室后面黑板上的话,结果引起了学生的不满。我上课的时候,学生指着黑板问我:"老师,你看那是个什么字?"学生的意思不言自明。教师的苦心显而易见,但效果适得其反。

于是我问学生:"你们关注的是哪两个字呢?知道我关注的是哪两个字吗?如果你只是关注'孬种',那么说明你潜意识里会往这个方向发展,如果你关注的是'有种',那么你就会成为一个有种的学生。老师对学生的激励一般有两种:一种是鼓励,给学生一个希望,树立信心;另一种就是我们三十六计中的一计——"

我故作停顿,学生补充说:"激将法。"

我说:"对了,有时候对某些同学可能鼓励已经失去了作用,而激将法可能更有效果。"

接着,我给学生讲了两个教师利用激将法成功教育学生的例子。然后说:"从这句话中,我读出了班主任的良苦用心,而你们却用'孬种'为自己对号入座,请问你们现在理解老师了吗?"

很多同学点头认可,但个别同学还是有些情绪。接下来,我和学生的对话如下:

师:如果老师不做你们的班主任,他会不会写这样的话?

生:不会。

师:如果他还不是科任老师呢?

生:更不会。

师:如果是外校的老师或者不相干的人呢?

这个时候,学生基本上理解了班主任的良苦用心。

【启智故事】

其实，老师也怕你

这是一个美国作家的故事。

少年时，由于家境贫寒，这位作家居住在一个破旧、粗陋的街区。这里街头总是游荡着身穿奇装异服、具有攻击性的不良少年。为了在这个群体里生存，他必须在着装、行为等方面向这些孩子靠拢，而在老师眼里他就成了异类。

有一位老师对他最严厉，他也最怕这位老师。有一天，在上这位老师的课时，他又忘了放下衣领（在上学路上，他必须把衣领竖起来，模仿那些街头的孩子），老师发现后，马上命令他把衣服脱掉。

这让他感到很羞耻，因为他的内衣上有破洞，可是在老师的逼迫下，他还是这样做了。在遭受了污辱后，他出言骂了老师，结果被赶出了学校。

后来，他在自己的书里写了这个故事。在读者来信中，他发现了一封信——正是那位老师写来的。在信里，老师为多年前给他造成的伤害道歉，并告诉他："你怕我，可你不知道，其实我也怕你，因为我把你看成了那种街头小流氓。"

故事启迪

有多少误会是因为缺乏沟通，有多少伤害是因为根本就不存在的威胁？人与人之间天生就有鸿沟，若没有交流，我们就像生活在黑夜里的人，多么恐惧，多么无助！

我们看到的往往都是对方的行为，而缺乏对行为深层想法的探讨；我们感受自己的时候往往看到的是深层的想法，而忽视了自己的行为给对方带来的伤害。很多误会和伤害就这样发生了。由此，我们就知道为什么教师的亲和力会显得如此重要了。一个微笑，一个善意的眼神，一个理解的手势，都会给学生带来巨大的快乐与安全感，都会成为黑夜之中的一盏明灯。

第 15 章

掌控情绪：建立教师的亲和感

【慧心慧语】

> 情绪是对生命的最大消耗，当我们压抑、控制情绪时，那些可以用于达成目标和创造物质生活的能量就会被大大削弱。情绪一旦得以释放、消除和化解，由此而产生的影响和作用就会减少或消弭。当人的思想不再受制于情绪影响时，人的行为模式也会得到相应的改变。行为的改变会使我们在现实生活中得到精神能量的提升，同等的精神能量将创造相应的物质享受。

【案例导入】

课堂上，张老师点一男一女两个学生回答问题，学生王伟觉得这二人有"关系"，便故意高声大笑，引他人起哄。下课后，张老师把王伟叫到办公室进行批评教育。张老师当时正在气头上，就训斥王伟说："你不会搞学习，尽会破坏课堂纪律，而且思想上有问题。"王伟不服气，不停地顶嘴，还准备摔门而去。张老师勃然大怒，一边用身体拦住王伟，一边用手去拉他，王伟奋力挣脱，却重重摔倒在地，他自己爬起来，骂骂咧咧地出了校园。

后来王伟右肘淤青，关节骨折，张老师承担了 1 万多元的医疗费，家长还要进一步索要营养费、误工费、生活费，并且该老师还受到人身威胁，身心俱疲。

后面的处理就不讲了，对老师尤其是班主任来说，最有借鉴意义的其实就是如何在开始阶段处理好事情，否则后面的事情就无法避免。如果在事情的起始阶段就能有效处理，后面的一系列麻烦自然就会避免。因此，教师在处理学生的问题上，要掌握一些关键技能。

【方法探究】

1. 了解事件经过

我们先分析一下张老师在整个事件过程中的心理状态。

第一，缺乏包容与平和之心，对学生的行为定义不当。张老师在气头上和学生谈话本身就不恰当，对学生的课堂行为生气也值得商榷。学生就是因为张老师点了两名同学的名字，而该生认为他们两个有"关系"而发笑，按说这本可以成为张老师了解学生的资源，比如课后和王伟同学好好聊聊，顺便从他嘴里了解一下班里男女同学之间的关系。遗憾的是张老师内心固有的看法左右了他的判断，于是他认为王伟是故意捣乱。对事情的定义直接决定了心态和情绪反应，因此张老师很生气。这是错误的开始。一个有经验的老师是绝对不会在气头上和学生谈话的，更不应该在这个时候做决定。这个时候做出的决定往往是以冲动开始，以后悔结束。这是张老师犯的又一个错误。

第二，带有偏见的语言模式激化了矛盾。"你不会搞学习，尽会破坏课堂纪律，而且思想上有问题。"这样的话无论是不是侮辱学生，教师都绝对不能说。这暴露出了教师的偏见意识，至少对王伟这个学生有偏见，我猜测张老师基本上看不到王伟同学的优点。根据后面情节的发展，我推断师生的矛盾由来已久，学生的逆反心理也已经到了很严重的程度。另外，这样的语言也包含了消极的假设信息。"你不会搞学习"包含了老师对学生学习的全面否定的假设；"尽会破坏课堂纪律"包含了老师对学生只会搞破坏、毫无优点的假设；"而且思想上有问题"包含了老师对学生品质否定的假设。这些句子包含的假设内容更容易在学生心里引起反应，我相信面对这样的评价，学生要么战战兢兢不敢回答，要么怒火冲天冒犯师尊（这和学生的个性有关）。所以说王伟同学的反应——"不服气，不停地顶嘴，还准备摔门而去"——也就是自然而然的事了。

第三，不容冒犯的师道尊严意识比较强。"张老师勃然大怒，一边用身体拦住王伟，一边用手去拉他，王伟奋力挣脱，却重重摔倒在地……"张老师看到王伟不服气，他的反应是"勃然大怒"，表面上看起来让老师大怒的原因是王伟的行为，其实深层的原因是王伟的行为触动了老师内心的信念：师道尊严不可侵犯。维护这个尊严的另一个隐含因素就是对教育的恐惧：这个学生搞不定，我以后还有什么颜面去教育学生？如果该老师有过类似的失败经历，那么这种情绪就会在其内心产生强烈的反应——勃然大怒。当然从这种情绪里也可以看到张老师对教育的责任意识，对改变学生还存有一份希望，甚至对该生还有一份爱心。只是这些深层次的东西都是通过不理智的行为呈现出来，于是张老师也就只能为后面的一系列麻烦买单了。

2. 掌控情绪的方法

第一，改变自己对事件的看法。用平和包容的心来看待学生，对学生的行为进行评价时去掉过去存留的固有印象，力争做到"对事不对人"。任何一件事情都包含着积极的因素，学生的错误也是这样，教师可以多从学生的行为当中发现积极因素，这样也有利于调整教师自己的心态。

第二，调整自己的身体姿态。身体姿态直接和情绪反应相关联，例如你面带微笑，身体松弛，就很难发火；同样，你身体紧绷、双手掐腰、摩拳擦掌，心情就很难轻松。因此，当自己的情绪处于高度负面状态时，可以适当地放松自己的身体，舒缓一下情绪。

第三，要学会冷处理。盛怒的时候一定要告诉自己不要急着做决定，而要强迫自己出去走走，等冷静下来之后再进行全面评价，努力找到最合理的处理方案。

【应用实例】

1. 对不起，忽略你了

一学生睡觉，课堂提问时被我叫起。我对他说："对不起，是我忽略了你，我知道你在用这种方式提醒我，并且宣布：我都会了，为什么还不提问我？现在就给你这个机会。"之后，该生一节课里都在努力与瞌睡做斗争，更难能可贵的是，他竟然记住了全部的内容。

2. 你的脚有伤吗

学生来到办公室的时候，我发现她竟然穿的是拖鞋，这是学校不允许的。但这不是我谈话的重点，我也不想因为这个事情而破坏了谈话的气氛，于是就做关心状询问："脚受伤了？"她笑了笑，明白我的意思，于是点点头说是受伤了。我说："严重吗？能不能让我看看？"她连连摇头。我则继续逼问："能不能穿袜子和鞋子啊？"她说可以。"如果可以的话，就尽量按照要求来穿吧。"从此该生再也没有在教学区穿过拖鞋。

3. 学生在课堂上怒吼之后

语文课前默写，一学生修改3次都没有全对，全班同学对他进行提醒。突然，他大吼一声"不改了"，全班肃然，然后都看着我。我微笑着没有作声，1分钟之后我把这个学生叫到讲台接受我的现场采访。

师：你是我开学以来见到的本班最有个性的学生，你的这声吼叫很响亮，也很有气势。男孩子嘛，就得有点个性。不过，我问你，一个人有很强烈的情绪好不好？

该生摇头，全班同学都在小声说"不好"，还有的同学重复我以前的话——"冲动是魔鬼"。

师：好吧，我就现场进行一下情绪表演，看看有情绪好不好。

第一次表演（声音高八度）：老师，你好烦，我根本就不想学习，为什么总是逼我？我不读书了可以吗？有什么了不起的！

师：这样的情绪好不好？

学生集体说"不好"。

第二次表演（声音同样高八度，一拍桌子大吼）：老师，我就不相信这点知识会难倒我，给我一段时间，我一定把成绩提上去，你等着瞧吧！

师：这样的情绪好不好？

学生说"好"。

师：前后有什么不同？

学生沉思。

师：前者属于负面情绪，是逃避，是退缩，发火其实是掩饰内心的虚弱。后者是正面情绪，是动力，是挑战，是进取。同学们，一个人有情绪好不好呢？

生：有负面情绪不好，有正面情绪好。

师（转向那个学生）：现在感觉如何？

学生说"好多了"。

师：你知道同学们反复提醒你是为什么吗？

生：他们在帮助我。

师：你现在该怎么办呢？

生：更正自己的错误。

师：很好，现在立即行动。

该生快速地做了更正并全神贯注地听课。

【启智故事】

境 由 心 造

那天，我站在珠宝店的柜台前，把一个装有几本书的包放在旁边。

当我挑选珠宝的时候，一个衣着讲究、仪表堂堂的男士也过来看珠宝，我礼貌地把我的包移开。但这个人愤怒地瞪着我，告诉我他是一个正人君子，绝对无意偷我的包。他像是受到了极大的侮辱，重重地把门关上，走出了珠宝店。

"哼，神经病！"莫名其妙地被人这么嚷了一通，我也很生气，再没心思看珠宝了，出门开车回家。

马路上的车像一条巨大而蠢笨的毛毛虫，缓慢地蠕动着，看着前后左右的车我就生气：哪来的这么多车？哪来的这些烂司机，简直不会开车！那家伙开那么快，不要命了？这家伙开这么慢，怎么学的车？真该扣他教练的奖金……

后来我与一辆大型卡车同时到达一个交叉路口，我想："这家伙仗着他的车大，一定会冲过去。"当我下意识地准备减速让行时，卡车却先慢下来，司机将头伸出窗外，向我招招手，示意我先过去，他脸上挂着愉快的微笑。我将车子开过路口，满腔的不愉快突然消失得无影无踪，心胸豁然开朗。

珠宝店里的男士不知在哪儿受了气，又把这种坏情绪传染给我，带上这种情绪，我眼中的世界都充满了敌意。仿佛每件事、每个人都在和我作对。而卡车司机用灿烂的笑容，用他的好心情消除了我的敌意。

世界没有改变，改变的是心情。

故事启迪

别人冲你发脾气，是因为他心里有气，而不全是你的错。如果每个人都能传递微笑而非敌意，那世界该有多美丽！有句话说得好："看别人不顺眼，实际上是自己的修养还不够。"教师在走向讲台的那一刻要注意调整自己的情绪状态，不要做情绪和气氛的污染者。

第16章

维护尊严：保留学生的心理底线

【慧心慧语】

> 有了自由，孩子就会选择自己感兴趣的东西；因为有兴趣，他就会反复做，就变得专注；在长久的专注中，他逐渐感知并把握了事物的规律；把握了事物的规律，他就愿意遵守它，就有了自我控制力。什么样的纪律能超过这种规律呢？（孙瑞雪《爱与自由》）

【案例导入】

我不想回答

谢一燊

在学校组织的一次观摩课上，我请学生刘辉鹏回答一个问题，他十分勉强地站起来说："我不想回答！"我以为自己听错了，忙问："什么？请你再说一遍。"他轻轻地、十分认真地又说了一遍："我不想回答。"

这时，我才相信自己的耳朵。他的回答虽然平静，但像热油锅里撒下一把盐，使本来问答和谐、严肃有序的课堂顿时"炸开了锅"。有的学生交头接耳，甚至嗤笑；也有的学生对他怒目而视。前来观摩的领导和同事也被这突如其来的"我不想回答"弄得瞠目结舌,有的摇头,有的惋惜,有的蹙眉。我自己也如同被人从头到脚淋了一盆冷水,懵了。

一堂精心准备的公开课被一句"我不想回答"搅得一塌糊涂,一股无名怒火冲上头顶,我脸红、耳热、心躁,不知所措。怎么办?简单说句"请坐"固然容易,但我面对的是还较为幼稚的学生,若他们竞相效仿,出现第二个、第三个,甚至更多的"我不想回答"怎么办?况且,对于这种不正常的情况,回避或延缓解决都不好办。那么,该怎么解决呢?发火?严肃批评?这样做虽然来得痛快,但弄不好不但不能解决问题,而且会增强学生的对立情绪,更不可取。因此,只有因势利导,让对方开启"金口",才能既及时批评他的不合作态度,又教育全班同学,使教学计划顺利落实。

于是,我迅速调整了自己的情绪,心平气和地问大家:"同学们,我提出的问题,难答不难答?"同学们异口同声地回答:"不难。"我又问:"你们会吗?"有的同学笑了,并回答道:"会。"这表面看起来简单的一问一答,却神奇地起到了作用:教室里紧张得几乎要爆炸的空气变得缓和下来。接着,我对刘辉鹏说:"刘辉鹏同学,既然你不想回答我的问题,必定是有原因的,你能告诉我是什么原因吗?"他不说话,依然是美滋滋地望着我,毫无反应。我继续说:"既然你不肯告诉我原因,那就让我猜猜吧。"我问:"是不是我有什么地方做得不对,才使你这样呢?"

我平时很注意自己的形象,学生对我的评价一向不错,所以首先说出这一点,事实上是以退为进的策略。果然,这办法奏效了,全班学生齐声地说:"没有!"而刘辉鹏大约意识到了问题的严重性,忙说:"老师,没有的事,没有的事。"我心中庆幸——他终于开口了。

我说:"既然我还称职,那么,你不回答我的问题,不会是有意在这种场合出我的'丑'吧?我可实在不愿意你是这样的。"我把"矛头"及时指向对方:非此即彼。这既表达了我的诚心,又指出了问题,刘辉鹏马上变得惶惑，忙说："不，不是。"

我进一步开导说："既然我称职，而你又不是有意出我的'丑'，那我就不明白你为什么说'我不想回答'了。"他站在那里，两只手用力地扭来扭去。

"那么，让我猜想一下'我不想回答'包含的意思吧。"我说，"不外乎有三种情形：第一，可能是我的启发式教学不得当，调动不起你的兴趣，所以，你才说'我不想回答'，是这样吗？"

"不，不是。"他语调低沉地嗫嚅道。

"第二，是你明白了这个问题，却不想回答，所以才声明'我不想回答'，是这样吗？假如你能够回答，并且愿意回答，请你告诉我答案，好吗？"

"我，我不……"他又低了低头。

"显然，第二种情况也不是。"我说，"第三，是不是你一时还没明白这个问题，又有些爱面子，不想明说呢？其实，一时讲不出准确的答案是正常的，正是因为有问题、有困惑，大家才要主动学习、积极思考呀！你也别怪老师今天太认真，我之所以如此，是因为实在不愿意看到你交不上'卷子'啊……"

"老师，您，您别说了。"他哽咽着，"请您告诉我这个问题该怎样回答，然后，我再回答给您听，好吗？"他双目中充满了愧疚和诚恳。

俗话说"见好就收"，既然学生的态度已经有所转变，我也就及时鼓励他努力学习，不要辜负了老师及家长的期望。我请一位平时学习成绩不错的学生做了示范回答，刘辉鹏心悦诚服地复述了一遍，这样，由"我不想回答"引起的一场轩然大波比较令人满意地平息了。

我当时的处理方法不见得是最高明的。我只是凭着一颗爱心的力量，通过诱导与反问，开启了对方紧闭的心扉，促使其坦诚发言，自然地表达了内心情绪，同时又接受了教育。当然，这也教育了全班学生。

【摘自：《班主任之友》（小学版）2012年第12期】

【方法探究】

对于这个案例,《班主任之友》论坛里褒贬不一,赞同者有之,反对者也不乏其人。其实,从教育教学的实际来看,能够做到案例中教师这样的"循循善诱"已经很不错了。换作一般的教师,可能对学生的如此冒犯会非常恼怒。碍于公开课的特殊情况,教师也许会暂时回避,但很可能会秋后算账,把学生批评得一无是处,甚至会给学生扣一顶品质不良的帽子。

当然,这样的循循善诱还是值得商榷的。教师引导的结果以学生的"羞愧"和认错结束,表面上看起来教师大获全胜,至少在教师看来是"比较满意"的。最后的总结还以"爱心"来评价自己的教育行为,认为"开启了对方紧闭的心扉,促使其坦诚发言,自然地表达了内心情绪,同时又接受了教育"。

其实,不说在有限的课堂上用如此多的时间来处理个别问题,造成课堂的低效,单看对这个学生的教育效果,真的就像教师总结的那样完美吗?

我们都知道这个学生说"我不想回答"的原因有很多,当然也包括教师文中提出的那些情况,还有可能是学生遇到了什么问题,心情不好。遗憾的是,根据当时的情况,教师本能地认为学生应该给教师面子、支持教师,而不想回答就是对教师的挑战。如此认识,让教师感觉到"一堂精心准备的公开课被一句'我不想回答'搅得一塌糊涂,一股无名怒火冲上头顶,我脸红、耳热、心躁,不知所措"。这是典型的师道尊严受到冒犯后的本能反应。

其实这个时候,只要把自己的胸怀放得再宽一点,轻轻地说一句"你不想回答自然有你的道理,这个问题我们课后单独交流"即可。然后让学生坐下继续上课,课后单独和学生交流,了解真相。而案例中,教师出于对课堂的担忧和对师道尊严的本能维护,一步步地拨开学生尊严的面具,逼得其走投无路,羞愧不已。

因此,遇到学生这种不是太典型的"搅局"行为,教师在处理问题时一定要保留一个底线，即维护学生的尊严。

【应用实例】

1. 字如其人

课前电脑随机点名，一男生一女生到黑板上默写名句。两人都全对，只是女生写得工整，男生写得潦草。我说："有人说字如其人，今天我对这句话将信将疑。"学生愕然。"看看女生写得工整端正如她本人（学生羞赧一笑），所以我相信这句话。看看男生写的，我就开始怀疑这句话。他长得如此帅气，字却写得如此潦草；人看上去仪表堂堂，字看上去却很随意。"然后我让该生重写，结果他写得端正工整。于是我对他提出了表扬，并要求他以后都按照这个标准来书写。

2. 某某是笨蛋

黑板上有人用油性笔写了"某某是笨蛋"几个字。班会课上，我在对班级的几个具体现象进行分析之后，通过话题巧妙地联系到这几个字。

我说："我无意追究这几个字是谁写的，虽然追究起来很容易。我相信写这几个字的人应该和'某某'很熟悉，你可能是在开玩笑，但这样的玩笑会伤及他人的人格。我很欣赏'某某'同学，他竟然没有向我投诉，说明他有宽容之心（该生脸上呈现出一种被理解的欢愉）。但遗憾的是，这几个字显示的绝对不是'某某'真笨，因为他的智商摆在那里，大家都清楚。而恰恰说明写字的人有问题，有什么问题大家可以想，我不多说，请大家再次思考苏轼和佛印斗法的故事。希望值日生想办法擦掉这几个字，不要求写的人来擦，是因为我们要尊重他。"

3. 学生在公众场合爆粗口

在越秀公园五羊雕塑前合影留念和参观中山纪念堂时，一男生两次爆粗口。当时，我及时用眼神制止了他（不适合当场批评）。晚上我决定找他谈话。

师：这次外出参加活动，你给我留下了深刻的印象，知道是为什么吗？

生：我爆粗口了。

师：你把自己的食物让给老师吃（我没有吃，因为是甜食），让我很高兴，这说明你的人品还是不错的。遗憾的是你爆了粗口。我们来回忆一下当时的情景。大家排队合影，天气炎热，你很急躁，但这是谁的错呢？有错也是上天的错。你说"摄影的赶快滚出来"，当时我们都没带相机，也没规定谁负责照相，请问，这个时候还会不会有人愿意主动给我们照相？我们再设想一下，当时那些同学，尤其是很多女同学，会怎么评价你？

生：会认为我很没素质。

师：你愿意接受这个评价吗？

生：不愿意。

师：如果你的父母当时也在场，他们会有怎样的感受？

生：会很难堪，感觉很丢脸。

师：在中山纪念堂你突然爆粗口，为什么？

生：后面的女生搞我的头发。

师：你认为她为什么搞你的头发？

生：可能是和我开玩笑吧。

师：但你的粗口又会让周围的同学怎么看你呢？

生：认为我这个人很差劲，会疏远我。

师：也许你特别讨厌别人动你的头发，这是你的权利，那么你认为怎么处理才更好呢？

（学生沉默）

师：你可以这样说："对不起，我不喜欢别人随便动我的头发，以后开玩笑的时候请换个方式。"这样既肯定了别人表达亲近的意思，又避免了自己的难堪。

（学生表示赞同）

师：知道我当时为什么没批评你吗？

生：给我留面子。

师：我完全可以批评你，甚至给你戴一顶"没有素质"的帽子，也可以找家长来配合教育。这样让你当众难堪，你的感觉如何？

生：会很不舒服，甚至憎恨老师。

师：那么，你有没有考虑过被你爆粗口的同学的感受？他们的尊严也被你当众侵犯了。

生：没有考虑过，只是脱口而出。

师：也许你是无意的，但这样的确伤害了其他同学。俗话说"养不教，父之过。教不严，师之惰"。以前可能没有老师告诉你这些，以后你知道该怎么做了吗？

生：知道了，我会注意我的言行的。

【启智故事】

维护别人的尊严

外祖父年轻的时候曾经跟人做生意，有一次他的父亲病了，急需用钱，他趁老板不在的时候偷了5块大洋。结果被正好回来的老板看到了。外祖父极其尴尬。但是老板说："我忘了给你了，那正是你应得的红利，赶快拿去吧。"外祖父知道那是老板在保全他的面子。他从此卧薪尝胆，终于创下了一份家业。

在解放前后的那几年，天灾人祸多，村子里有很多人家吃不上饭。外祖父的粮食自然就成了那些穷人偷盗的对象。偷粮食，偷地窖里的地瓜，偷家什，外祖父都知道，他甚至因此辞退了帮助看家的雇工。来偷粮食的，他就装作没有看见。偷家什的，他就悄悄地对人家说，不要拿家什，拿粮食吧。有一次隔壁的邻居来偷地瓜，结果装多了，自己怎么也翻不过墙去，外祖父干脆自己从后面托他过去。

外祖父的哲学是，他是因为没有办法才来偷的，要是还过得去，谁愿意做贼呢？他知道我们发现了他，却没有声张出去让他丢人，保全了他的面子，就不会再来偷了，人都有尊严啊！

外祖父用这种方式到底资助过多少穷人，谁也不知道。但是，后来外祖父的村子里盗贼几乎绝迹了。

这个故事，母亲给我讲了很多年。我常常面对这个故事沉思：尊严是一个人生命中最重要的东西，如果你懂得维护别人的尊严，你的尊严就无处不在了。

故事启迪

一个人的尊严是他最重要的东西，我们做教师的，是否时刻注意到了维护学生的尊严呢？

不到情非得已的时候，尽量不要在公众场合点名批评学生。不是不可以用激烈的言辞，你尽可以在办公室里，在只有你和他两个人的时候，把他骂得狗血喷头。即使这样，他不会恨你，因为你维护了他的尊严。

同样地，也不要在办公室里许多老师在场的情况下批评家长，要维护他们的尊严。千万不要为了一点点错误而剥夺别人最宝贵的东西。

第17章

学会欣赏：从搅局中看到价值

【慧心慧语】

> 以真诚的心对待每一个人，以喜悦的心帮助需要帮助的人，以美好的心欣赏周遭的事物，以放下的心面对难以割舍的事，以感恩的心感谢所拥有的一切，以宽广的心包容对不起你的人，以谦虚的心检讨自己的错误，以愉悦的心分享他人的快乐，以平常的心接受已发生的事实。

【案例导入】

曾听一位教师执教《麻雀》一课。当教师问"麻雀妈妈是怎样跟猎狗进行搏斗的？"时，一位学生冷不丁地说："老师，这只大麻雀不一定是妈妈，也许是爸爸。"教师猝不及防，愣了一下，然后顺着学生的思路问："你是根据什么认为它是麻雀爸爸的？""因为书上没有说是麻雀爸爸还是麻雀妈妈，我是猜的。"别的学生受到启发，思维开始活跃起来，有的说是妈妈，有的说是爸爸，争论不休。此时，一个胖乎乎的小男孩不满地嚷道："说不定还是麻雀爷爷呢！"教师一脸茫然，不知如何作答。

网友回应：

当有位学生冷不丁地说"老师，这只大麻雀不一定是妈妈，也许是爸爸"时，我会说："你怎么对麻雀的性别这么感兴趣？我认为不管是麻雀妈妈还是麻雀爸爸，只要会保护小麻雀，就都是好麻雀、勇敢的麻雀。"

王晓春老师回应：

对第一个质疑的学生应该表扬。这不是个课堂纪律问题，而是一个学术问题，不属于搅局。可以建议学生查找有关资料，看看对于小麻雀的抚育，其父母是否有分工。表扬了第一个学生并提出了建议，后面胖乎乎的小男孩的发言就可以避免了。

注意，遇到课堂突发事件，首要问题是确定其性质。之后才能准确回应。

（摘自：王晓春老师所著的《课堂管理，会者不难》及相关网帖）

【方法探究】

我很赞同王老师的回应方式，因为他用欣赏的眼光看到学生语言背后的价值，并提出用表扬的方式来肯定学生的价值，激发学生内心的自我价值感和求知欲。表扬是欣赏的结果，欣赏是表扬的前提。如果一个教师不懂得欣赏学生，也就没有办法正确地表扬学生，甚至无法找到表扬点。不懂得欣赏学生的教师，往往看到的都是学生的缺点，甚至会轻易地给学生贴上不良的标签。而王老师用欣赏的眼光看到了学生"搅局"行为背后的学术价值——"建议学生查找有关资料，看看对于小麻雀的抚育，其父母是否有分工"。这样很可能会培养出一位杰出的生物学家。

欣赏是有效实施教育的态度，是有效教育的重要途径之一。在学会倾听的基础上欣赏学生，不仅包含对学生的理解和宽容，更重要的是把学生当作正常人一样；不仅包含欣赏优秀学生的优秀品质，而且包含欣赏"差生"的缺点和失误。神经语言程序学里有一句话很经典："世界上没有垃圾，只有放错了地方的资源。"我套用这句名言："人没有不良品质，只有用错了地方的性格。"我们在实际工作中，对优秀学生的欣赏，几乎每个教师都能做到，但是对"差生"的欣赏，就几乎没有人认同了。

教师要对所有学生实施有效的教育，就必须与学生进行有效的沟通。很多教师认为某些学生毛病多，在他们身上几乎找不到可以欣赏的东西。其实看不到学生的优点是教师的思想不够丰富，情感导向过于在乎自己，没有真正关注学生的成长。如果不能从内心深处尊重学生、欣赏学生，就不能唤起学生对美好人性的热爱，就不能唤起学生对教师教育的认同。

那么教师该从哪些方面来欣赏学生呢？

欣赏学生的行为动机。学生每个行为的背后都有一个正面的动机。课堂故意捣乱也有一个渴望被关注的正面动机，考试作弊也有一个想要获取高分的正面动机。这个正面动机就是"搅局"行为隐含的价值。只要我们肯定了学生的正面动机，然后引导学生用正确的方式来实现自己的动机即可。这样教育的效果要比批评好得多。

欣赏学生的学习品质。成长中的学生往往还没有形成固定的是非判定标准，很多行为在成年人看来是非常错误甚至是荒谬的，但在学生看来只是表达自己想法的一种方式，这种方式包含着学生独特的思维价值和学习品质，例如敢于挑战权威、敢于独立思考等。

欣赏学生的处理方法。学生经过认真的钻研和思考，总会有对事物的认识，这时，教师要让他们根据自己所想的开展行动。教师要用发展的眼光来对待学生，珍重学生的幼稚和纯真，宽容学生的无知与过错，应鼓励学生将自身的优点发扬光大。赞赏学生经过辛勤努力取得的成绩，对学生来说是一种莫大的鼓励，能够使学生从中看到自己的价值，可增强其进一步努力的信心。

学生想好、做过之后，教师要进一步鼓励，让学生大胆地讲出来。只有让学生讲出来，教师才能了解学生的想法，也才能培养学生的自信，同时达到相互交流、启发、学习的目的。教师要及时给予学生表扬、鼓励，引导学生发表自己不同的见解，在交流、讨论中进行自我修正和提高。

欣赏的前提就是尊重。对同一事物，不同的学生从不同的角度去认识，看法各不相同。因此，教师要考虑到学生的差异，要允许学生从多角度进行思考，鼓励学生求异。不管学生所想的是观念的还是理想的，是可能的还是不可能的，都要让学生去探究。没有想象，就没有思考，也就没有创造。因此，教师要赞赏学生之所想，鼓励学生在大胆想象中创新。

每个学生都有自己的个性，学生讲出的不一定是教师想的，请不要扼杀学生的积极性和自信心。要用欣赏的眼光看待学生，让他们体验到成功，这样才能树立学生对学习的自信。

【应用实例】

1. 你很有化学天赋

语文课上，一学生走神，盯着手中不断晃动的水杯。于是我开玩笑说："××很有化学研究的天赋，尤其是对水这一方面的研究，希望再过30年你能获得诺贝尔化学奖。不过，你想要获奖还需要把自己的研究成果写出来，想要写出来就要先学好语文。希望你的注意暂时回到课堂上来。"学生立即放下手中的水杯。

2. 发现学习伪装之后

课前，我检查学生的现代文阅读作业，一学生迅速用笔在文章当中画了几道线（我要求有阅读标注）。我看到之后笑了笑，学生也不好意思地笑了笑。我说："有两点值得肯定：第一，说明你反应敏捷；第二，说明你在乎老师的检查和学习，这就说明你有学习的动力。没做的原因可能有很多，我希望以后看到的是你的多种完成方法以及完成的效果。"

3. 不喊"报告"进教室

课堂进行中，一迟到学生在没有任何示意的情况下"坦然""从容"、旁若无人地走进教室。我说:"我今天又发现了××同学身上的一种优秀品质,大家知道是什么吗?"该学生知道我的意思——暗指他不喊"报告"进教室。我说:"这个行为说明他有挑战权威的勇气,这份勇气是创新能力的核心品质,但要看把这份勇气用在什么事情上。"

4. 学生胡乱默写之后

期中考试,一个同学在名句默写答案处写下如下内容:
万水千山总是情,给个可怜分行不行?
人生自古谁无死,给个两分不会死。
谢了,老师!
祝您福如东海,祝您寿比南山!
于是,我在课堂上和该生有以下对话:
师:这次默写我特别关注一个同学,他的灵感和创意让我印象深刻。他就是××。请告诉我你当时写下这些文字时的想法。
生:我只是想拼一下。
师:老师很欣赏你"拼"的精神,请告诉我如何利用这种"拼"的精神才更有效。
生:提前背诵,准确掌握学习的内容,而不是在考场上投机。
师:很好,这就是你这次考试的最大收获。希望下一次看到你默写全对,把你的创意更多地用到其他地方。

【启智故事】

成功与正确

三国的时候,曹操想北上征服塞外的乌桓,统一北方。当时,许多将领谋士纷纷劝阻。但是曹操仍然大胆出击,打败乌桓,统一了北方。当曹操带兵凯旋的时候,他开始命人调查当初反对他北伐的人。

吓得当初那些好心劝阻的将领谋士魂飞魄散，以为难逃此劫。但是出人意料的是，曹操不但没有责怪他们，反而给他们丰厚的奖赏。对此，曹操解释说："我们北上攻打乌桓，的确是十分危险的，虽然天意助我，让我们侥幸赢了，但这绝不是正确的做法。那些人的劝阻才是万全之策，所以要多加奖赏。"

故事启迪

曹操在打了胜仗之后，不但没有追究反对者的罪过，反而看到了这些人建议的价值。如此处理，不但让原来支持他的人更加佩服他，而且让反对他的人去掉了心理包袱，更加忠心耿耿地为他效劳。只有看到对方的价值，对方才肯为你服务。教师教育学生是不是更应该挖掘学生行为背后隐藏的价值呢？

第18章

结合抽离：更智慧地看待学生的搅局

【慧心慧语】

> 过分的自我专注，把注意力仅仅集中在自己身上，过分在意自己在别人眼中的形象，过分看重自己对事情的主观感觉和强烈感受，都会让自己的视野变得十分狭窄。缺乏不断引入新的视野，从而不断更新自身的愉快经验，结果将会导致无聊之至、烦闷之极，生活就会变成一件难以忍受的事情。

【案例导入】

一个复读生的学习动力

高芳智

2011届高三，我成了学校文科复习班的班主任。我心里既高兴，也深感压力重大。高兴的是学生都是达到一定的"准入标准"（复读班对学生的高考成绩有一定要求）进来的，成绩要提高，应该不会太难。但是学情复杂，全班虽然只有40多人，却来自不同学校，每个学生都有自己的个性，还有自己的学习习惯和思维方式。要把这样一盘散沙的临时部队揉捏在一起，打造成一个团结协作、共同进步的集体谈何容易？张雅琴就是其中一个让我头痛的学生。

关于张雅琴，我了解的情况是：在2010届高考中，她上了二本线，被一所二本大学录取。我原本以为这样一个连二本也不读的学生应该是志存高远的学生，只要在学习方法上调整一下，努力一点，应该会有所突破。但是接下来的几天，她的表现令人十分失望。几位科任老师都反映她无心学习，身在教室，心却不知在何处驰骋。高三复习如此紧张，她怎么就无所事事呢？我觉得有必要找她好好谈谈。据她自己说，从小学到高中，她的成绩一直较好，但是性格有些怪异，难以与老师和同学相处。也是因为这个，她高中还换了一所学校。同时我还知道了她不去读本科而选择复读的原因。她的理想是做一名营养师，正好有一所专科学校有这个专业，所以一开始她并没有填报二本学校，而是填报了这所专科学校。但是后来补录的时候，父母强烈要求她补录，结果她考上了二本。心中的梦想不能实现，她对父母不理解，同时也认为自己再上那所学校那个心仪的专业绰绰有余，所以就失去了学习的动力。这种不求高只就低的学生，我还是第一次遇见，一时也想不出更好的说辞，只好讲些惯常的大道理，至于有没有效果心中还真是没底。

接下来的一段时间里，张雅琴的表现和以前一样，没有什么改变。有时候换位想想，若我是她，大概也会如此。可是这样的学习状态会影响其他学生，我不想办法不行。于是我翻看了高考志愿报考指南，发现一所二本学校也有营养师这个专业，便上网把这个学校的专业介绍打印给她。当我把打印好的那页纸拿给她之后，她很兴奋，大喊了一句："要的就是它！老师，谢谢你！"看着她两眼流露出的神采，我想其他的话就不用多说了。再和科任老师了解情况，大家都说她已经进入了状态，学习成绩也有了提高。

班级逐渐走上正轨。复读的学生都知道时间的宝贵，基本上都能按照要求到教室学习。可是连着几周，当我早晚6点半到教室检查时，好多次都看不到张雅琴的身影，班长也说她经常不来。其实，我心里很生气。每次她不在的时候，我都要打电话确认她到底在哪里，会不会发生意外。我想自己很有必要弄清楚原因，要不然怎么向其他同学解释？班级还怎么管理？结果她说她要当营养师，喜欢在厨房里做饭的感觉，早上6点半给弟弟做营养早餐，晚上6点半要给弟弟做可口的晚饭。我想，在厨房"折腾"是她喜欢的事情，就让她做自己喜欢的事吧。趁她不在，我把这些情况向班上的其他同学做了解释和说明。开始还有些同学不理解，但慢慢地当他们发现我的班级管理理念就是人性化管理后，也就逐渐不在意了。2012年元旦，张雅琴给我发来短信："2011感谢有你，2012最好的祝福送给你"。她也多次和我说过，很感谢我这个班主任和同学们能够这样包容她，当然她的变化大家也都有目共睹。

我想这个学生应该不用我再费心了。但是有一天，她对我说，她的理想变了，不想再做营养师了。我吃了一惊："那你想做什么？"她很神秘地笑笑，没说话（高考后她终于告诉我，她想报英语专业）。接着我发现她在疯狂学英语，我提醒她，要注意学科之间的平衡。她说："老师，放心。我知道自己在做什么，我相信自己可以处理好各科之间的关系。"2个月后，她的英语成绩从六七十分提高到了100分左右，其他学科也或多或少地有所进步。高考时，她如愿以偿地考上了省内一所非常好的2A学校。

被录取后，她在我的QQ空间留言："我的人生从此发生改变，生活如此美好。"

【摘自：《班主任之友》（中学版）2013年第4期】

【方法探究】

看完高老师的案例之后，我内心对高老师充满了敬佩，这就是"以生为本"理念的具体诠释，我也看到了教育的有效途径——与学生的内心渴求一致，与学生的思维共振，找准沟通的共同频率，让教育不再困难。

高老师面对学生的反常行为，不是以"救世主"的姿态进行道理说教，而是放下"傲慢和偏见"，采取换位思考的方式，找到学生内心厌学的真正动因和解决的办法，方法对了，教育的效果也就有了。

那么，我们来分析一下，高老师是怎样做到与学生思维共振的呢？高老师的个案里又有怎样的教育共性？从中我们应该学习什么？

1. 找准沟通的共同频率

神经语言程序学有一个观点：没有难以沟通的人，只有不恰当的沟通方式。只要沟通方式符合对方的心理需求，双方的沟通就会取得一致性。销售心理学也讲究"销售要满足对方的需要"。由此来看，沟通的前提就是找准对方的需要，教育学生也同样如此。案例中高老师准确地把握了学生"考营养师"的内心需求，然后根据这个需要又帮学生找到了更好的学校，从而达到激励学生学习的目的。这样的教育方法不但高明，而且富有智慧，更重要的是有效果。

我们假设一下，如果高老师不是认真分析这个学生的内心状态，而是凭借经验对该生进行"苦口婆心"的说教，谈高考的重要，谈父母的渴望，谈学习的方法技巧、时间安排等，只会使学生反感，根本达不到教育目的。

因此，当教师教育学生遇到困难的时候，不要再简单地抱怨"现在的学生难搞"，而应想办法寻找教育的方法。抱怨只能是暗示自己没有办法，潜意识里是在推卸责任：教育不好学生，不是我没有能力，而是学生实在无法教育。寻找方法的途径很多，可以参考他人案例，可以请教有经验的人，可以向熟悉学生的人了解咨询等。要记住：不是没有方法，只是你暂时还没有找到。

2. 结合与抽离的双向应用

想要准确找到有效沟通的频率，教师要做到结合与抽离的双向应用。

结合：就是我们的思想与情绪完全进入某种体验中。如看电影，进入了角色，感同身受，体验生命的真实与美好。案例中高老师就是把自己和学生的具体处境相结合，真正体验到了学生的内心感受。"有时候换位想想，若我是她，大概也会如此。"这和传统的说法"换位思考"有异曲同工之妙，不同的是更强调自己化身为对方来增强真实的体验。当教师能够真正化身为学生的时候，才能彻底忘记教师"教导"的身份和责任，才能更真实地感受学生的情感和体验。

抽离：就是跳出有关体验和感受，产生创意和获取智慧资源。"无关生智，局外生慧"，抽离就是无关、局外、抽离就产生智慧，就有助于找到方法。"旁观者清，当局者迷""不识庐山真面目，只缘身在此山中"，就是这个原因。

只有结合，教师会和学生一样陷入情绪的旋涡，找不到解决问题的方法；只有抽离，教师就无法体验学生的情感，找不到解决问题的方向。案例中的高老师体验到了学生的真实感受之后，用抽离的方式找到了解决问题的方法。"于是我翻看了高考志愿报考指南，发现一所二本学校也有营养师这个专业，便上网把这个学校的专业介绍打印给她。"没有多余的语言说教，而是直接拿出解决问题的方案，这样具有实质内容的方式就比空洞的理论说教有力得多。学生看到资料后的表现也说明了这一点。

为什么学生没有想到找资料呢？因为她已完全陷入情绪当中不能自拔，不是没有能力，而是情绪左右了她的思路。

因此，当教师遇到难以解决的问题时，不要急于下结论，更不能让自己的情绪左右了判断，而要让自己化身为学生，真实体验一下学生的内心感受，然后抽离出来，纵观全局，从而找到有效的方法。

【应用实例】

1. 老师，你为什么不参加我们的活动

周六晚上，新疆班的学生举行庆祝古尔邦节（相当于汉族的春节）的活动，邀请全校班主任参加。我因事无法参加。

生：老师，你为什么没有参加我们的活动呢？其他班的班主任都

来了，就你没来。

面对学生的责问，教师不要急于解释你为什么不来，其实这不是学生关心的，学生的真正用意是：我们多么渴望你来，可是你没来，我们很失望。因此，教师的回答只要符合学生的这个心理需要就可以了。于是，我利用课堂的时间正式表态："首先我向新疆班的同学表示歉意，不过你们的责问让我感觉很开心，这说明你们记着我、重视我，说明我不是一个可有可无的人。如果我没有去，你们也不问我，那样我才伤心。"

当我说完这些话的时候，那个责问我的学生笑了，这个时候，教师没有参加的原因已经不重要了。

每一个指责、每一种情绪都有其正面的信息和价值，教师要多读正面的信息。读出正面动机的最好方法就是让自己从旁观者的角度来观察和思考。

2. 多人没上课间操

课间操竟然有很多同学未到，有学生说上节课是生物实验课，可能很多同学直接回教室了。我到教室查看，发现也没有人。不得已，我只能在课间操之后让全班留下清点没到的同学。

一节课后，这些没做操的同学主动到办公室来做解释：因为实验课需要画图，他们要么没有完成，要么在帮助未完成的同学，还有留下帮实验老师做善后工作的。

课堂上我对此事做出了说明和探讨。首先向那些按时到操场做操的同学表示歉意，因为他们没有犯错却受到惩罚——被多留了一些时间，而造成这种状况的就是那些未到的同学。那么，这种现象是否可以避免呢？下面就请这些没有做操的同学中的纪律委员李同学做代表做出解释。

师：你们给我的解释听起来很有道理。但有道理的事情也要用合理的方法把它做好。你认为有没有更好的处理方法？

生：可以给老师打个电话，说明情况，不过当时我没有带手机。

师：这个方法看来是不可以的，还有其他的方法吗？

生：可以向老师借手机，但我没记住老师的手机号码。

师：这听起来更像是自我辩解。除了这些还有更好的方法吗？

生：可以派个同学做代表或者让按时完成实验的同学向老师解释。

师：嗯，这个方法经济、实惠、有效。为什么当时没有这样做呢？

生：没想到要这样做。

师：没想到的背后因素是什么？

（学生沉默）

师：下面我来做一下推想，如果正确就改正，如果不对就当作提醒。我认为你们根本就没有想到要解释，深层心理就是对班级管理和班级荣誉的忽视，还有一种逃避做操的心理，甚至会故意拖延时间。希望以后再有类似的事情大家能学会处理。最后，我再次强调：用正确的方法把合理的事情做好。

3. 我不喜欢语文

第一次给新班上课，我问："有同学不喜欢语文吗？"一男生高高地举起了手。细看这个男生身材高大而不乏斯文，倔强的眼神透露着睿智。按说这样的学生成绩应该不错，那么是什么原因让他不喜欢语文呢？我决定解除他的心结。

师：你一开始也很喜欢语文并且语文成绩不错，对吗？

生：是的。

师：在你读小学或者初中的时候，遇到了一个你特别讨厌的语文老师，对吗？

生：是的，是小学四年级。

师：我没猜错的话这个老师就是你的班主任，并且是一个女性，对吗？

生（有些惊讶）：是的。

师：我再猜一次。因为你和一个女生发生了矛盾，班主任兼语文老师偏袒了女生、委屈了你，所以你内心不服，对老师"怀恨在心"，于是决定"报复"老师，开始不喜欢语文了，对吗？

生（满脸惊讶：怎么我和女生的矛盾都被你猜到了？）：是的，你是怎么知道的？

师：我怎么知道的不重要，重要的是那个班主任已经是过去时了，语文老师也已经换成我了，你会不会把以前的"语文老师情结"迁移到我身上，然后继续不喜欢语文呢？

生：我好像比较喜欢你现在上课的方式，也喜欢你和学生交流的方式。

师：可是那个老师一直生活在你的脑海里，左右着你的学习，是吗？

生：是的，每当我学习语文的时候就会不由自主地想到那个老师，于是就会产生厌恶情绪，于是就没有了学习的兴趣。

师：你现在可以借助想象，有一块很大、很厚的黑色魔布盖住了那个老师。盖得很严实，并且在那个黑布魔力的作用下，被覆盖的影像很快就消失了。然后你反复告诉自己，我的语文老师是李老师，是我最喜欢的老师。

生：嗯，好像那个老师变得模糊了，没有那么重要了。我也开始喜欢语文了。

后来该生在语文课上表现非常好，有时候特意从最后一排走到第一排来听课，我有机会就顺便表扬他一下，以巩固教育成果。

【启智故事】

猪 的 标 准

一次，一头猪钻进富丽堂皇的大宅院中，随心所欲地在马厩和厨房周围游逛一圈，在污泥中打滚，在脏水中洗澡。回家的时候摆出一副不以为然的样子。

"嗨，你去哪儿了？"同伴问他。

"去财主家转了一圈。"

"人家说,有钱人家的宅院里净是金银珠宝,东西也一件比一件精美。"

"我向你保证他们在胡说八道。"这头猪哼哼唧唧地说,"我根本就没有看见什么珠宝——净是污泥和垃圾。你也知道我不会吝啬鼻子,因此我把整个后院的泥土都翻遍了。"

故事启迪

每个人对事物的评价标准都基于自己的兴趣,但千万不要像那头猪一样,只看到其中的一面就下结论。俗话说"旁观者清,当局者迷"。作为一个旁观者,一眼就能看出猪的愚蠢和错误;而作为当局者的猪,绝对会认为自己是正确的。因此,教师在处理各种问题的时候,有必要让自己从"当局者"的身份中跳出来,用"旁观者"的身份审视一下。当视角和视野都发生了变化时,自然容易找到更有效的方法。

第19章

置换背景：改变彼此的固有见解

【慧心慧语】

> 当我们被误解时，会花很多的时间去辩白，但没有用。没人会听，没人愿意听。人们按自己的所闻、理解做出判断，每个人其实都很固执。他若理解你，一开始就会理解你，从始至终地理解你，而不是听你辩白一次才理解。

【案例导入】

（学生课前演讲，脱口而出说到班主任很狡猾。过后我与该生进行了交谈）

师：谢谢你对我的表扬，因为一般狡猾的人智商都很高。

生（笑道）：是啊，我是表扬你啊。

师：知道老师在论坛里的网名吗？

生：知道，叫"乐山"。

师：我这个网名就来自孔子的话——"智者乐水，仁者乐山"。我不敢说自己是智者，就想办法让自己成为仁者，因为我想做个好人还是可以的。

师：为什么说我很狡猾呢？

生：很多时候和你谈话，本来不想说的话，却不知不觉被你引导着说了出来；本来自己想回避的，却最终没有回避；本来认为自己是有道理的，却不知不觉承认了错误，认同了老师的话。

师：不是因为老师有多聪明，而是因为我有一个目标——为了学生的成长。我在和你们谈话的过程中时刻瞄准这个目标，当我发现你们的认识有偏差时，我没有强迫你们改变，而是不断地引导你们发现新的认识，如此而已。你们的智商都比老师高，这就好像电脑，影响电脑运转的不仅有硬件，还有软件。有些软件是带有病毒的，所以你们会出现行为偏差。当你们在大脑里安装新软件的时候，你们会变得更聪明，反应更快。而帮你们杀毒和安装新软件是老师应该做的，目标就是帮助你们成长。

（学生了然）

【方法探究】

"狡猾"是一个负面词语，学生在讲台上公然用这个词来形容自己的老师，这很容易犯大忌，搞不好会被扣上污蔑师长的罪名。如果教师真的如此较真地和学生对着干，我估计以前积累的情感财富顷刻之间会化为乌有。学生之所以敢当面这样形容老师，说明彼此有比较好的情感基础，不过"狡猾"毕竟不是一个正面词语，处理不好会造成不好的影响。所以此时如何利用这难得的教育契机，化负面为正面，就需要考验老师的机智了。

在案例中，我巧妙地把"狡猾"换成了"智商高"，用一个正面的词语替代负面的词语，这样不但给学生一个台阶，而且顺便说出学生如此形容老师的正面动机，被理解的学生自然会非常高兴，这样师生双方就很容易建立一种情绪共振，后面的沟通就很容易了。因此，化解尴尬的一个有效方法就是巧妙换框，给语言一个新的背景或含义。

那么我们该如何换框呢？

1. 环境换框

环境换框，即更换"搅局"行为发生的环境。例如：我们走在大街上，突然有一个人对你说出很不礼貌的语言，你肯定会非常生气。如果我们了解到这个人是刚刚从精神病医院逃出来的，你还会那么生气吗？又如：有的学生总是迟到，教师很生气。如果我们了解到学生的家庭情况，学生每天需要照顾瘫痪在床的母亲，给母亲做好早餐之后才能来学校，我们还能简单地认为学生是不遵守纪律吗？学生的成长经历和教师有很大的不同，每个学生的成长过程又千差万别，对于学生的"搅局"，在我们做出反应之前不妨先了解一下学生的生活背景。

2. 语言换框

语言换框，即更换"搅局"行为的内容和意义。改变事情的内容，会带来不同的意义。这里面又包括词语换框法、意义换框法、二者兼得法等。

（1）词语换框法：中国的词语非常丰富，对同一行为往往会有正负两个词语来表达，例如：固执—执着；胆小—谨慎；鲁莽—勇敢。前者表示负面的认识，后者表示正面的认识，不同的词语引发的内心感受是不同的。又如，面对学生课堂插话现象，负面认识可能是学生故意捣乱，换个词语就是学生渴望被关注，或者敢于表现自己。然后教师再根据具体情况提示他如何恰当地获得关注或表现自己，这样的教育效果就会很好。

（2）意义换框法：就是改变对一个行为深层意义的理解。例如，有学生对我说：某老师上课时非常严厉。然后我就问学生："老师这样做对你们的学习和成长有什么帮助？"这样就引导学生同时看到正面的意义，他们内心的感受也会随之改变。

3. 时间换框

时间换框，即引导学生改变行为发生的时间，假设在另外一个时间发生这样的事情，你会怎样看？例如：有学生向我投诉说他和同宿舍的人无法相处，常常因为一些生活小事而发生矛盾。我就告诉他：相遇是一种缘分，我们因为相同而联结，又因为不同而成长。假设5年后我们再相会，谈起一起生活的点点滴滴，你会有什么看法？再想想你和小学同学曾经发生的矛盾，现在你会怎样看待这些矛盾？学生笑了笑，说那些都是一些不值得一提的事情，有些事情现在想起来还充满着快乐。

无论是哪一种换框法，都是让当事人从一个比较狭隘的视角看到更大的空间，从而产生新的选择的可能性。有选择就是有能力，当事人会从中选择对他利益最大的行为。

【应用实例】

1. 爸爸很烦人

生：很烦，我爸爸总是反对我对未来进行计划和设想。

师：有一位试图保护你免于任何伤害和失望的父亲，这不是很好吗？我打赌，没有多少父亲会这么关心孩子。

学生非常吃惊，他从来没有想到过父亲的批评背后会有很正面的目的。他以为那只是对他的攻击。当改变了学生对父亲反对的内在反应后，他就从以前的愤怒转为真心的感激。

注：这个思路是改变语言意义的背景（换框法），从"攻击"的框架转为"帮助"的框架。

2. 好习惯是睡觉

今天上午是材料作文的审题课，学生根据材料提出了一个很好的观点：好习惯成就一生。我顺势问全班学生都有哪些好习惯。一个比较调皮的男生脱口而出——"睡觉",全班同学大笑。我说:"你说得很对,养成按时睡觉的好习惯,上课就有精神;有精神,学习效果就好。"该生本来以为我会批评他,听我如是说就拼命地点头。

3. 学的不是"习",而是你未来的幸福爱情

作文课上,我指导学生写分论点。我以"肩膀"为题,给了一个分论点——"肩膀承载着幸福,肩膀是亲情的牵挂",然后让学生模仿。

一学生脱口而出:"肩膀承载着爱情。"学生哄然大笑。我笑着说:"很好啊!一个男人的肩膀要有承载爱情的力量,请问你们有吗?"学生默然。"那么靠什么来增强你肩膀的力量呢?知识就是力量,所以,你们要好好读书,请记住,你现在学的不是'习',而是你未来的幸福爱情。"

4. 化压力为动力

一学生最近小错误不断,上课打瞌睡,有一次还逃出去到网吧打游戏。我决定找该生谈谈。

师:怎么想到去打游戏了?

生:感觉压力大,想放松。

师:都有哪些压力呢?

生:有来自学习的,也有来自同学关系的。

师:学习有压力说明你想学好,我们只要找到学好的途径就可以了。来自同学的压力也有很多种可能,有同性的,也有异性的。你属于哪种?

生:看到同学拍拖,自己也想找个女朋友。可是很矛盾,于是就焦虑。

师:想找女朋友是好事啊,你希望找什么样的女朋友呢?

生:没认真考虑过。

师:最好是漂亮、温柔、可爱的,对吧?你认为怎样才能找到这

样的女朋友呢?

生：自己要有能力。

师：一般要具备几个条件。第一，良好的外形；第二，健康的身体；第三，不错的工作。作为体育生，你前两个都具备，现在需要解决的就是工作。你认为怎样才能找一个好工作呢?

生：首先要考上一所不错的大学，然后要具备一些必要的能力，例如沟通能力等。

师：这样我们就找到了核心点——好好学习。

生：我也知道要好好学习，可总是缺乏动力。

师：请你闭上眼睛，想想3年后在某所大学的校园里，你和心爱的女朋友手牵手漫步在校园的小道上，你阳光自信，女友漂亮大方。这个感觉怎么样?

生：很美好。

师：只要你每天认真上课，这个美好的愿望就会实现，你是否多了一分学习动力?

生：是的。

后面我又用强化引导来巩固该生的这份美好感觉，最后学生信心满满地走回了教室。

【启智故事】

"不玩了"

一个富翁在山上建了一座别墅，他很喜欢安静。每天饭后，他就躺在摇椅上慢慢品茶，欣赏飞翠掠红，尽情享受生活。但这种宁静很快被一群孩子的嬉闹声打破了。为此，富翁很恼火，但他绞尽脑汁也没能把这群孩子赶走。

后来，他想了一个办法：在孩子们再次来到他的别墅边玩耍时，他笑眯眯地走出来发给每个孩子5美元，说："孩子们，你们太可爱了，你们让我仿佛回到了童年时代，我感谢你们！希望你们明天再来玩啊。"孩子们欢天喜地地走了。

第二天，这群孩子果然又来了。富翁又走出来重复了昨天的话，但只给了每个孩子5美分，并解释道："今天我没那么多钱，只好每人给5美分了。你们明天一定继续来玩啊。"这时，孩子们之中有人嘀咕："怎么只有5美分了？昨天还有5美元呢！"尽管如此，孩子们还是高兴地走了。

第三天，孩子们又如约而至。富翁又走出来，笑容可掬地说："孩子们，欢迎你们来带给我快乐！但我今天真的没钱了，不好意思。"这群孩子不高兴了："怎么这样啊？！""怎么一分钱都没有啊？""不玩了！""我们不在这儿玩了！我们走！"说着，这群孩子怒气冲冲地离开了……

故事启迪

> 孩子到哪里去玩，只有一个目的——为了自己，为了自己的快乐，为了玩得高兴。当孩子认为自己的玩是为了别人，为了钱的时候，得不到钱，就不会为你玩了。孩子的学习也是一样，如果孩子认为学习是为了家长、为了教师、为了金钱、为了获奖，他们就随时会有"不玩了"的情况出现。如果我们能让孩子明白：学习是为了自己，为了自己的现在和未来。无论在学校里的学习，还是在学校以外的学习，教师都应让孩子找到快乐，不断强化他们的内在学习动机，弱化外部动机，如此，孩子学习的积极性必将实现可持续发展。

第 20 章

接纳情绪：改变学生的内在感受

【慧心慧语】

事情本身没有意义，是思考赋予了它意义；我们往往把自己对事情的定义当作了事情本身。当我们改变对事情的定义时，处理事情的方法也随之发生变化。

【案例导入】

生：老师，我无缘无故地被某老师赶出课堂，他说让我来找你。

师：那说明你犯了错误，你到底犯了什么错误？

生：我根本就没有讲话，某老师非说我讲话了。

……

师：这是学校的制度，你必须遵守。

生：学校还规定老师不能在校园内抽烟呢，为什么你们老师还要在学校抽烟？老师都不遵守纪律，凭什么让我们学生遵守？

师：难道这就是你迟到的理由？

生：就是这样。

……

最后，谈话变成了激烈的争吵，学生一气之下冲出了办公室，不知去向；老师在办公室里大发感慨：这样的学生简直是太不像话了！

这样的沟通方式很常见，自然效果不好。有效的沟通方式应该是怎样的呢？

【方法探究】

为什么本来是在解决问题，却反而让问题更严重了呢？教师处理问题的动机肯定没错，但处理的方法和语言存在问题。

没处理情绪就谈论问题，不利于解决问题。人在情绪当中是不冷静的，这时受到批评的人会本能地为自己辩护，辩护很容易变成争论。教师的语言过于简单武断，没有触及学生的心灵，激起了学生的反抗。

下面我说说，如果遇到这样的情况，我会怎样说。

第一步：情绪接纳。教师可以先找个凳子让学生坐下来。当一个人坐下来的时候，情绪就容易变得稳定。看看案例中的学生，明显在情绪当中，所以教师第一步应该稳定学生的情绪。稳定之后还要接纳。教师可以这样说："哦，你看上去很委屈。如果老师真的冤枉了你，你一定会很委屈的。"情绪被接纳，又坐了下来，学生就会慢慢归于理性。

第二步：理性引导。教师可以先不急着问为什么，待学生情绪稳定之后再引导。可以这样说："你认为你的哪些行为让老师可能误解了你？"或者说："你的哪些行为可能引起老师的误解？"然后还原现场。当学生讲完情况后，教师可以根据学生的具体行为进行分析，也可以让学生站在教师的立场上来评价。受到理解和尊重的学生一般都会得出理性的结论，当学生内心的看法改变时，再处理就容易了。

因此，接纳情绪是师生良好沟通的基础。只有接纳了学生的情绪，才能和学生进行平等、平和的沟通。接纳情绪并不代表认同学生的观点。以前我对学生的情绪往往采取"以硬碰硬"的方法来处理，潜意识里是保护教师的权威,担心学生"乱发脾气"会给自己的管理带来后遗症,结果只是使师生关系恶化。

人人都需要被别人理解、尊重和接纳,然而反过来人们却不善于理解、尊重和接纳别人,原因就是人们不善于站在别人的角度思考问题。

所谓"接纳孩子的情绪"就是无论孩子处在何种情绪中,家长、教师都能够给予孩子关注、尊重和理解。

接纳孩子的情绪,并不等于顺从他的情绪,而只是希望自己能关注到、意识到、觉察到孩子的情绪,从而使自己有一个更宽广的视角面对问题、解决问题,避免主观和偏见。

当学生的情绪被接纳之后,学生往往能自己找到解决问题的办法,而这个办法往往是家长、教师所期望的。

常用的接纳情绪的语言是"噢""嗯""我知道了"等,或者用描述对方情绪的语言,如"看来你很生气""看来你很伤心""我知道你很难过"等。

孩子的情绪被接纳之后,主要有两个作用:

①孩子的情绪被接纳之后,可能问题就不存在了。换句话说,孩子的情绪被接纳之后,他的内心会变得平和,于是自己就有能力解决问题了。例如,有一次两个学生之间发生了激烈的冲突,一学生开始时情绪激动,想采取以牙还牙的方式报复对方。我开导他说:"我理解你的心情,换作是我也会非常生气的,甚至也想用激烈的方式还击,来证明我不是好欺负的。"学生听我如是说很开心,告诉我他就是想和我说说自己的心情,他知道我不会简单地给他讲道理,因为这些道理他懂得。倾诉完之后他的情绪就好多了,最后告诉我他自己也有不对的地方,和对方计较只会让问题更复杂,耽误自己的前程等。最后该生很理性地处理了两人之间的矛盾。

②接纳孩子的情绪,是解决孩子问题的前提。孩子的情绪被接纳之后,他会有一种被理解的感觉,因而孩子往往对能够接纳他情绪的

家长或教师产生好感和信任，并愿意与他们沟通，也愿意与他们配合，听他们的话。

接纳只是处理情绪的第一步，如果没有后续的手段来彻底处理问题，那么接纳就会变成"纵容"，最后让问题彻底难解。这一点是需要教师们注意的地方。接纳之后，教师该怎样做好后续的处理呢？

后续处理有一个基本的走向，就是引领学生走向正面认识，培养学生积极健康的心智，当学生的内心感受变化之后，之前的一些不良行为自然就会得到转化。

【应用实例】

1. 学生恋爱问题

学生恋爱问题是管理中的老大难问题。我一般都是先祝贺他们，表扬他们情感发育正常并且表现优秀。学生一般也愿意接受教师的建议：爱情保鲜，暂时把这份感情冷冻，等高考之后再说。有一对高一的学生恋爱，我接纳了他们的情绪之后，告诉他们："你们两个情商发育比较好，到这个年龄异性之间产生好感是正常的。我尊重你们的感情，也希望你们不要亵渎了这份感情。请问你们打算怎样让这个经历成为人生美好的回忆呢？"于是他们开始理性客观地分析两个人的感情性质，最后找到了合理的处理方法。

2. 学生和科任老师之间的冲突

有一次，一个学生和科任老师发生了激烈的课堂冲突，学生情绪非常激动，说老师冤枉了他。老师更是生气，认为学生没有礼貌。我把该生单独叫到一边，耐心地听他讲述了整个过程。原来老师讲的一个问题他不懂，又怕问老师打断老师的讲课思路，就小声问身边的同学，结果老师批评他在课堂上乱讲话，影响课堂纪律，他不服气，就和老师顶撞起来。

我说:"被老师冤枉的确很不舒服,我被领导冤枉也会很生气。尤其是一个曾经被老师伤害过的学生更无法容忍老师的误解。"

该生激动地说,自己读小学的时候曾经被老师严重误会过。当老师再次误会自己时,小时候的感觉就又回来了,自己很生气,就和老师对抗起来了。

我说:"是的,这样的感觉的确很糟糕。我理解你的心情,那么还有没有更好的方法来处理这个问题呢?"

学生说:"我自己也有点冲动,不应该在课堂上顶撞老师。如果我当时把问题记下来,课后再问会好一些。"

3. 学生状态低迷

一男生开学以来表现低迷,尤其是精神状态不好,经常在课堂上趴桌,甚至睡觉,而且几次导致宿舍被扣分。于是我利用晚自习的时间找他谈话。刚叫他的时候,他本能地问我:"我又犯什么错误了?"我说:"没有,只是想找你聊天。"

师:是不是初中的时候你经常被老师叫出来挨批评啊?

生:有时是这样。

师:有时是什么概念?能告诉我一个星期有几次吗?

生:大约三四次吧。

师:所以我一叫你出来,你就本能地怀疑自己犯错误了。

生:是的。

师:我今天叫你出来主要是聊天,你不用紧张。你能不能评价一下自己进入高中以来的表现?

生:总体还好,就是有时候精神不好,总想睡觉。

师:你认为是什么原因呢?

生:可能是由于晚上睡不着。(该生是第一次住宿)

师:晚上睡不好,第二天上课睡觉很正常,我也是这样。你认为晚上睡不好的原因是什么呢?

生：可能床板太硬了。

师：怎么解决呢？

生：多带一床被子，这样舒服一点。凉席还有点刺，睡起来不舒服。

师：那又该怎么办呢？

生：让家长买好一点的凉席。

师：我相信家长会给你买的，只要家庭经济不太紧张。今天宿舍被扣分是怎么回事？

生：因为我把衣服放在了床上。可是我的柜子被其他同学占用了。

师：不是每人一个柜子吗？

生：那些柜子都锁着，还没让宿管打开。

师：这是很困难的事吗？

生：也不是，就是自己太懒。

师：这个问题又该怎样解决？

生：找宿管打开。

师：什么时候去找？

生：就今晚吧。

师：这样处理问题就很好。还记得开学之初，我告诉你们的一句话吗？问题不是问题，应对问题的态度才是问题。而你之前应对问题的态度很明显出现了问题，希望以后不要这样了。因为我以前没告诉你，所以这次不追究责任，如果你下次再犯同样的错误，就别怪为师不客气了。

生：我保证做到。

师：养不教，父之过。教不严，师之惰。之前有老师的责任，以后就看你的表现了，希望你不要让我失望。

最后，学生开心地离开办公室，第二天果然没有被扣分。

【启智故事】

愚 子 可 教

老员外有三个儿子。三个儿子都很笨。老员外担心日后家产会败在笨儿子的手中，于是决定请一个家庭教师来教三个儿子学文化。

他请来当地一个很有名气的老秀才，说了三个儿子不争气的情况。老秀才说："那我得考考你的三个儿子，通过了考试我才能收下他们。"老员外心里暗暗叫苦。

考场就设在老员外家的客厅里，第一个出场的是大儿子。考试的内容是对对联，老秀才出的上联是：东边一棵树。大儿子想得头上冒汗也想不出该对个什么下联，嘴里一个劲儿地念叨："东边一棵树，东边一棵树……"坐在一边的老员外急得心里冒火。一会儿，老秀才说话了："此生记性不错，我只说了一遍，他就记住了，可教也，我收下。"

第二个考的是二儿子。老秀才出的还是那道题：东边一棵树。老员外的二儿子进考场之前已听哥哥说过题，张口就对："西边一棵树！"气得老员外目瞪口呆：这也叫对对联？！老秀才说："此生改了方向，以西对东，对得亲切，可教也，收了。"

轮到三儿子了。老秀才仍然是那道题：东边一棵树。三儿子想了半天，也没有想出个好的下联来，不由得大哭起来。老员外觉得真是太丢人现眼了。谁知道老秀才说："此生有羞耻感，可教也，收了。"

老秀才收下了老员外的三个儿子，并把他们教育成了有用之人。

从老员外的三个儿子对对联的考试结果来看，成绩应该都是零分。如果老秀才按考试分数录取，谁也不在"可教也"之列。可是老秀才却能透过考试本身，看到成绩以外的许多东西，发现这三个笨孩子的优点和长处，欣然收到自己的门下予以教化，终于使他们学有所成。这就告诉我们：没有失败的孩子，只有失败的老师和家长。

> **故事启迪**
>
> 事实上，每个孩子都有自己的长处，哪怕是被人们认为愚笨的孩子甚至白痴，也有自己的长处。如果教师善于发现孩子身上的优点与亮点，不纠缠于孩子的短处和失败，能用老秀才那样智慧的眼光，从孩子的短处中看到长处、从失败中看到隐含的成功因素，将他们的优点与亮点加以放大，根据他们的实际情况，不好高骛远，因材施教，不急于求成，那么我们的教育将会出现这样的美好局面：聪明学生更加聪明，愚笨学生不再愚笨，一般学生逐渐聪明起来。最终我们培养出来的学生都会成为社会的有用之才。

第 21 章

重定因果：寻找学生搅局的真相

【慧心慧语】

> 进不了房门的是流浪汉，出不了房门的是囚犯。走不进心灵的是精神流浪汉，走不出形式和教条的是精神囚犯。打破固有的见解，放下我执，你就会看到一个新世界。
>
> 手指脏了，大可不必把手指砍掉；帽子小了，大可不必把头削掉。证明鸡蛋是否变味，大可不必把它全吃掉；吃个鸡蛋味道不错，大可不必非要认识下蛋的鸡妈妈！

【案例导入】

今天上习题课，下课铃声刚响，正好学生问我一道选择题，我想讲完这道题再下课。谁知道有个学生起身就走。对于这样的学生该怎么应对？

【方法探究】

案例中，教师很明显对学生的行为理解出现单一化，本能地认为该生不服从管教，在当前严禁体罚学生的教育背景下，教师显得力不从心。这种单一化或者定式思维模式是影响师生沟通的最大障碍。如果教师换一个思维模式，也许问题就会迎刃而解。

我们猜想一下这个学生起身就走的原因可能有哪些：

①不服从管教，我行我素。这是教师本能的理解。

②已经打了下课铃，教师忙着给另外的学生解答问题，为了不打扰教师，自己选择离开。

③因为自己内急（或其他原因）需要离开，但教师因为给学生讲题不能及时宣布下课，为了不影响他人，自己离开。

……

总之，学生选择自主离开的原因绝对不仅仅是故意和教师过不去。如果真是这样，说明平时的师生关系没有处理好，这也需要教师及时反思，找到对策。

如果是后面两种情况，教师还会对学生的行为生气吗？在教师心态平和的情况下，主动找学生寻问原因，然后再相机引导，尊重学生的内心感受，我想学生会非常乐意接受教师的教诲。值得注意的是，在和学生沟通的时候，千万不要先给学生扣上一个不尊重老师的帽子，这样非常不利于后面的沟通。

想要通过重定因果关系，找到学生"搅局"的真相，首先要了解因果循环理论。所谓因果循环，就是指一个原因可能会产生多个结果，一个结果也可能有多个原因。这就需要我们借助于一定的发散思维，综合各种要素，找到真正的原因。有时，在整个系统中，因和果往往会互相转换，前一个因产生的果，又会成为下一个果的因。因此，我们需要更系统、更全面地看问题。

上述案例中，即使真的是学生故意挑战老师，不服从管教（果），那么造成这个结果的原因也可能是多方面的：家庭教育、其他教师的影响、该教师的教育方法，等等。如果教师本身就对该生产生了厌恶情绪，那么这种情绪自然也会传递给学生，学生不接受教师的管教也就很正常了。

我们通过因果循环理论能找到学生行为背后的真正原因，再根据这个原因采取对症下药的教育方式，这样的教育才有效果。

【应用实例】

1. 学会接受

生：老师，我可不可以去选修室学习啊？教室里太吵了。（其实不是很吵，就是她身边的几个同学在小声地交流问题，这个学生也承认自己特别不能受外界的干扰）

师：同学在自习课上说话肯定不对。我也想给你提个建议，希望你能增强一下自己抗干扰的能力。因为不可能每一处环境都能按照你的意愿存在。

生：我的抗干扰能力从小就较差，任何一点声音都会吵到我。如果我去制止他们，会让他们很反感。

师：你是不是特别在意其他同学的看法？

生（学生惊讶）：你是怎么知道的？是不是心理学里面都有？

师：这其实很简单，不需要很多的心理学知识。就好像我们读诗歌，一个诗人眼里的景物特点往往就隐含着这个诗人的内心情感。想要知道他的内心情感，只要看看他写了什么景物就可以了。

生：我该怎样改进呢？

师：这是一个比较复杂的问题，由于时间关系，我先告诉你一点：学会接受。空气中有尘埃，尘埃肯定不好，但它也有存在的价值。如果没有了尘埃，强烈的阳光会让我们无法生存。有些同学喜欢讲话，有时他们也给我们带来了很多快乐，我们的生活里有几个"开心果"，会让我们的生活充满乐趣。当然我不是支持他们课堂上讲话，而是认为要学会接受别人，然后引导他们在合适的地方、合适的时间讲合适的话。

（学生似有所悟）

2. 学生晚自习外出喝酒

两个学生利用晚自习时间外出喝酒，带着酒意回到教室，正好被值日的领导看到，领导把他们送到我这里处理。最初我非常生气，我的内心反应是：学生公然违纪，无视班主任的威严；此等行为如果放任，将会在班里造成恶劣的影响。

冷静一想：学生外出喝酒是否就是在挑战教师的权威？外出喝酒有没有其他的原因？喝酒的行为背后又隐含着学生怎样的情感波动和行为动机？面对这种情况，我怎样处理才能更好地帮助学生和班级健康成长呢？

当我对最初的"因果关系"重新定义之后，我的情绪变得平稳了。后来了解到：一个学生因为家庭原因而苦闷不已，又不愿为他人所知；另一个学生因为"失恋"也正处于苦恼之中。二人相遇，于是一起借酒浇愁……

针对这种情况，我帮助学生进行了情绪释放和清理，帮助他们找到了正确解决问题的方法。如果我还是停留在最初的因果关系中，只是关心教师的感受而忽视学生的感受，那么处理的效果会如何呢？

3. 为何好心被误解

一个学生很委屈地告诉我："我发现 A 同学经常不去饭堂吃饭，我担心他的身体，今天主动给他买饭，结果他却很生气，怪我多管闲事。"这个学生非常生气，埋怨 A 同学不知好歹。

师：你知道 A 同学为什么经常不去饭堂吃饭吗？

生：他家里比较穷。

师：假设是你，你愿意让人知道自己家很穷吗？

生：可能不愿意，毕竟人都要面子。

（通过询问，教师改变了学生对事件认识的背景）

师：你为 A 买饭，说明了什么？

生：我们知道 A 很穷，大家很同情 A，A 的内心秘密被大家知道了。

师：这个时候，A 的感觉是什么？

生：应该觉得很没有面子，感觉自尊受到了伤害。

师：当 A 有这个感觉的时候，对于你的帮助，他是该感激还是生气呢？

生：我明白了。

（学生最初的理解是这样的：因为我帮助你，所以你应该感谢我，你不但不感谢我，反而埋怨我，所以你不知好歹。这种因果关系的思维，自然会导致生气。后来教师通过询问，引导学生对事件背后的意义进行重新认识。当这些都改变的时候，该生也改变了对 A 的评价，从而更理解 A 了。这个时候，学生头脑中的因果关系是这样的：A 家里穷，碍于面子不想让人知道，我帮他打饭，伤了他的自尊心，所以他很生气。我可以理解他的行为）

师：既然理解了，你知道该怎样做吗？是从此不关心他，还是保留自己的爱心，改变关心的方式？

生：我可以用既维护 A 的面子和尊严，又能巧妙地帮助他的方式。

【启智故事】

快 不 快 乐

卡特曾经是一个对一切都不满意的人，他整天都不快乐。

1934 年春天，当卡特在威培城道菲街散步时，一件小事改变了他的想法。当时，卡特在威培城开了一家杂货店，经营不到 2 年，他不但把所有的积蓄都赔掉了，而且负债累累。一个星期六，他的杂货店终于关门了。当时，失去信念的卡特正在向银行贷款，准备回老家找工作。

这时，卡特突然瞧见一个没有腿的人迎面而来，那人坐在一块装有轮子的木板上，两只手各撑着一根木棒，沿街推进。这时，他也看见了卡特。他微笑着向卡特打招呼："早，先生！天气很好，不是吗？"他的声音是那样富有感染力，好像他根本就不是一个身体有缺陷的人。

当卡特站着瞧他的时候，感觉自己是多么富有呀！卡特有两条可以走路的腿。可是面对那位坐在木板上的先生自信的目光，卡特觉得自己才是一个残疾者！卡特对自己说："他没有腿也能快乐，我当然也可以。至少我还有腿！"

卡特感到心胸豁然开朗："我本来只想向银行借 100 美元，但我现在有勇气向银行借 200 美元了。我本来想到的只是回老家求人帮忙，随便找一件事做，但是现在我自信地宣布：我要到堪萨斯城去找一份好工作。"

故事启迪

遇到困难的时候，不妨换个角度看问题。前因一变，得到的结果就会变化。不要让自己固有的认识迷惑了心智。

第 22 章

增强发问：打破搅局的思想局限

【慧心慧语】

> 教师不是"灵魂的工程师"，孩子有自己的灵魂。教师充其量是"园丁"，其使命是通过耐心细致的观察和学习，去了解植物的本性和所处环境的特点。在这个过程中，我们始终要明白：园丁要遵从植物的本性来对其加以培育，而不是让植物遵从园丁的想法生长。

【案例导入】

一学生用手机听歌曲，任课老师再三提醒之后，该生仍然在听歌。老师一气之下没收了学生的手机，并把手机交给了班主任。学生辩解说课堂太吵，老师的提醒自己没有听到。结果该老师更生气了。不过，班主任通过问话巧妙地解决了问题。

【方法探究】

以下是我的处理办法：

师：你说你没有听到老师的提醒，这可能是事实。可是老师听起来会有什么感觉呢？

生：有把责任推给老师的意思。

师：你说课堂太吵，你真正想要表达的是什么意思？是想向老师反映课堂纪律吗？

生：为自己在课堂上听歌找借口。

师：你这两个解释都是把自己的错误推卸到他人身上，从他人身上找原因。你自己有没有问题呢？

生：我听歌是不对，可是我也不想受外界干扰，想学习。

师：你想摆脱外界干扰、渴望学习的想法是值得肯定的。那么歌声和谈话声，哪个声音更大呢？

生：歌声更大。

师：因为歌声是你喜欢的，而外界的声音是你讨厌的。讨厌的声音会让你心情不好，不过美妙的歌声也会让你陶醉，这能达到你想学习的目的吗？

生：不能。其实外界也不是太吵，关键还是因为我想听歌。如果我真想学习，会有办法克服外界声音的干扰的。

师：你有这个认识非常好。告诉我，在克服外界干扰的过程中你能学会什么？

生：帮助我练习定力，让我的学习心态更好。

师：你知道用什么办法可以克服外界干扰吗？

生：我会想办法克服的。

师：只要你瞄准了目标，就能找到克服的办法。我相信你能做到。不过刚才你的回答无意当中把责任推给了老师，你知道现在该怎么做吗？

学生立刻走到任课老师面前道歉，老师很大度地宽容了学生。

在整个处理过程中，班主任没有拿起"道理"的武器对学生的行为进行批判，而是通过发问引导学生认清自己思想的局限，这些认识都来自学生的自我觉察，所以学生更容易接受。而讲道理式的说教是对学生进行意志强加，很容易激发学生内心的抗拒。而且在某种程度上学生是有道理的，例如的确有同学讲话，干扰了该生的学习。如果否定学生这些正确的认识，各执一词只会造成冲突。因此，有智慧的教师不是靠说教，而是靠发问。下面重点介绍一些发问的技巧。

发问就是通过提问帮助对方挖掘自我盲点，发现其潜力所在。美国著名的领导力专家隆纳·海非斯说："好的领导是问正确的问题。"好的发问本身就是洞察力的一部分。

有效发问的方式通常有三种：开放式询问、封闭式询问和诱导式询问。

1. 开放式询问

开放式询问一般用在谈话之初。所谓开放式询问是指能够让沟通的对方充分地发挥，阐述自己的意见，以及陈述某些事实现状。简单地说，开放式询问就是指你问出的问题，对方可以畅所欲言地做开放式回答。

开放式询问的目的有两个：一个是获取信息，了解沟通对方的期望和目标、目前的状况及问题；另一个是让对方表达看法，目的是找出问题，发觉对方问题背后的期望并加以鼓励。

2. 封闭式询问

封闭式询问是让沟通对方针对某个主题明确地回答是或否的一种问话方式，简单地说，封闭式询问就是指你问出的问题对方只能选择二选一的答案。封闭式询问一般用在谈话的中后期，如果用在谈话之初可能会导致不良结果，而事与愿违。例如：你是想认真学习还是想混日子？如果是在谈话初期，学生还可能处于激烈的情绪状态，很可能会做出不理性的回答。而在中后期，有前面的谈话做引导，学生的情绪已基本平复，对于封闭式询问，学生会做出正确的选择。

3. 诱导式询问

对比前两种方式，诱导式询问较为复杂。诱导式询问是在封闭式询问的基础上提出的，诱导式询问首先是封闭式询问，然后在它的基础上加上提问者的主观意志，暗示自己想听到的或者期待的答案。比如："告诉我，在克服外界干扰的过程中你能学会什么？""这能达到你想学习的目的吗？"这些都是带有强烈暗示性的发问，能引导学生形成正确的见解。

那么这三种询问方式的优势和劣势在哪里呢？首先，封闭式询问的优势在于节省时间，对方只要回答好或不好、是或否；它的劣势是收集信息不完整、使谈话气氛显得紧张。与此相反，开放式询问的优势是可尽可能多地收集大量的信息，这恰恰是封闭式询问的劣势；同时，开放式询问的劣势是耗费时间，这也正是封闭式询问的优势。因此，有效提问的原则就是：用开放式问题开头，一旦谈话偏离了主题，就使用封闭式问题提问。如果发现对方有些紧张，再提出开放式问题，灵活穿插使用，将会给发问带来非常有效的运用结果。

另外，在提问过程中，教师应避免两种无用的问题：一种是对信息升值毫无帮助的问题；另一种是重复性问题。

【应用实例】

1. 学生在晚自习时打扑克

考试复习如火如荼。三个学生因精神紧张而产生了想放松的想法，竟然晚自习时在教室里打扑克。结果，他们被老师发现了。

师：说说吧，你们为什么打牌？

生：不想复习了，很累，就想轻松一下。

师：我觉得似乎还有这样的想法：我不想学了，也不能让周围的同学学习，想办法干扰一下。（老师故意挖掘其中的危害，为后面的谈话做铺垫，学生当时并不一定有这样的想法）

师：我姑且不说临阵磨枪的意义，也不说成绩的重要，只请你们说说，这样做会给班级带来什么危害呢？

生：破坏班级的学习气氛，既影响自己，也影响其他同学，还损害班级荣誉等。

师：看来你们都认识得很清楚，我也理解你们一直学习学习再学习的压力和心情，但你们学会的应该是调整而不是放纵。现在把事情分解一下，扑克是谁带来的？

两个学生承认是他们带来的。

师：是谁先提议打的？

三个学生都承认有责任。

师：一次扑克却打出了你们铁一般的友谊，不错啊，应该恭喜你们。你们知道这样做的后果吗？

生：挨批评、写检讨、约见家长等。

师：看来你们知道其中的危害，这就是明知故犯了。这样吧，现在给你们1分钟的时间，一起商量一下该怎样处理。

他们商量之后，决定三人承包一个月的教室值日工作。如果再犯就约见家长。（其实学生最害怕也最讨厌的就是约见家长）

师：好的，我接受你们的建议，但我还有一个条件——以后你们不能再犯这种"主观"错误。明白什么是"主观"错误吗？

生：知道，就是明知道是错误，并且自己也能控制，但还是会犯的错误。

师：男子汉说话算话，我也相信你们会改正错误。知道我听到这件事情之后内心是什么感受吗？

生：火冒三丈。

师：如果你们的家长知道这件事会是什么感受？

生：更是火冒三丈。

师：既然你们都明白，我也就不讲道理了，期待你们以后的表现。现在回去抓紧时间复习吧。

2. 男生用语言攻击女生

英语课代表（G）突然泪眼婆娑、满脸委屈地来找我，说班里的一个男同学（B）在她的英语试卷上写了攻击她的话。原来，英语老师让学生互相评卷，该男生正好评的是课代表的试卷，就利用"工作"之便在女生的试卷上写了一些不恭的文字。

师：看来你很受伤害，我能理解。现在给你一些时间让自己的情绪平复下来，当然也可以痛哭一场。等你心情平静之后我们再来探讨。

（不一会儿，学生的情绪平静下来）

师：你认为B为什么会在你的试卷上写这些文字呢？你们平时有矛盾吗？

G：我和他都没怎么说过话，平时也没有往来，我也不清楚他为什么会这样。

师：事出肯定有因，只是你可能不知道。等我询问B之后，我们再讨论该怎样处理，好吗？

……

师：你为什么会在G的试卷上写攻击她的话？

B：我就是看她太傲慢了，很瞧不起我们男生，所以就用这种方式来回应她。

师：你为什么认为她瞧不起男生呢？

B：她每次进教室都不看我们男生，开学那么久了都没和我们说过话。

师：一个女生不和男生说话，除了你认为的傲慢之外，还可能有什么原因？

B（沉思）：也可能是比较害羞。

师：还有吗？

B：也可能是学习过于专注。

师：如果是你说的这两种原因，你还会攻击她吗？

B：不会了，那样我会感觉自己很坏、很可耻。

师：其实你攻击她可能还有一个内在的原因，只是你不愿意面对或是不敢承认。对吗？

B：我就是想告诉她，不要看不起男同学，男生也有英语成绩好的。

师：看来你的英语也很不错，你的攻击其实有引起对方注意和展示自己的动机，对吧？

（B点头）

师：想证明自己是优秀的，这一点值得肯定。那么，证明你很优秀的方式有哪些呢？

B：专心学习，在课堂上积极回答问题，用成绩说话等。

师：你认为这两种方式，哪一种更好呢？

B：当然是后者。都怪我太冲动了，我只是想报复她一下，没考虑那么多。

师：还记得我以前告诉你们的一句话吗？勇者敢于改正错误，智者会把错误变成成长的财富。你现在该怎么做呢？

B：我会当面向她道歉的。

师：这会让你成为勇者。那你怎么把它变成财富呢？

B：以后遇事要冷静，冲动是魔鬼。要多角度思考问题，不要总是局限于自己的认识。

……

师：B说你很傲慢，看不起男生。你怎样看待他的这种评价？

G：我从来没有看不起男生的想法，我从小就害怕和男生交往。

师：你的成绩很优秀，让很多同学羡慕。可是你总不理会他们，你认为他们会怎样想呢？

G：我知道了，我以后会尽量和同学交流，如果他们有学习上的困难，我也会想办法帮助他们。

师：你认为这件事该如何处理呢？

G：我一开始感觉很委屈。现在我想明白了，是他误解我了。再说，我也有做得不好的地方。只要今后他不再攻击我，这件事就算了吧。

师：他说他要向你当面道歉。

G：不用了，大家都是同学，没必要太介意。

女同学的态度让男生更感动。之后他俩的同学关系日渐融洽，再也没有发生类似的矛盾。

3. 有钱和值钱

一学生演讲的主题是"有钱和值钱",他提出:与其让自己有钱,不如让自己值钱。有钱的方式有很多种,有钱之后钱还可能失去。如果自己值钱,钱就会伴自己一生。该生性格比较内向,我利用这个机会引导他。

师:你想让自己变成一个有钱的人还是值钱的人?

生:值钱的人。

师:想让自己值钱,就要不断地成长。成长需要克服自己身上的不足,实现某些方面的突破。这个突破过程可能会让你不舒服,会带来压力,你愿意吗?

生:愿意。

师:我们值钱之后,还需要把自己展示出来,让他人认识到自己的价值。对吗?

生:对。

师:那你现在就克服一下内心的恐惧,大胆自信地向同学们说一段话。

该生在演讲前总是不敢突破自己,在我引导之后,他很大胆地说了一段话,说的过程中他满面笑容,似乎更自信了。

【启智故事】

无法派上用场的好办法

去年,我的一位同事到一所边远的农村中学支教,他告诉我,他第一次为该校的初二学生上地理课时,课堂上他根据新课程教学的要求,设计了学生找资料、活动、提问、答问、小组合作学习等丰富的学习过程,可学生对他的课不仅不适应,而且很不满意。

下课后,他找学生交流,了解原因。学生说:"老师,我们在地理课上已经习惯了不是抄老师的板书,就是按老师给我们找出的重点内容在书上打记号,再就是我们自己读熟。我们的考试成绩挺好的。您是新来的老师,不了解我们的学习情况,请您以后上课别像今天这样折腾我们了。上过您的课以后,我们根本不知道该背些什么,您这样教会影响我们的中考成绩的。"

听了同事的话,我想起了一个故事:

有位神父在非洲传教时,看到乡村妇女都背着沉重的木头艰难行进,而她们的丈夫最多持一根手杖,远远地走在前面。根据当地人的观念,为丈夫负重是女人的荣耀。

神父为此深感不安,他决定引进独轮车来解决这个问题。他拍了一份电报,火速订购了200辆独轮车。车子送到后,他亲自教妇女们把木头装进车子。

几周后,神父又回到乡村,他惊讶地发现所有的独轮车都整整齐齐地摆放着——无人使用!

他不解地问:"你们为什么不用?"

一个女人解释说:"哦,您瞧,要是我们把这车装满木头,再一股脑儿地全放到背上,那实在是太重了!"

神父愕然。

故事启迪

在旧的思维里,再好、再先进的办法也无法派上用场,只会变成累赘和负担。因此,教育学生时,教师不要简单地把自己认为"正确的""科学的"东西教给学生,而要真正了解学生的成长过程、思维模式,根据对方的实际情况再相机引导。教师用自己的思维去代替学生的理解,往往会造成教育的悲剧。

第23章

步步为营：不给搅局者留退路

【慧心慧语】

> 急中生智，定静生慧。智是一种能力，慧是一种境界；智是在做加法，慧是在做减法；智是知道如何进，慧是懂得怎么退；智者拿得起，慧者放得下。拿得起是本事，放得下才是自在。

【案例导入】

伪装肚子疼

周日晚一学生迟到，看到该生气喘吁吁地来到教室门口，考虑到该生在刚刚结束的中段考中取得了巨大进步，再综合他平时的种种表现，我决定对他进行一次"追问"。

师：说说你迟到的原因吧。

生（双手捂住肚子，气喘吁吁）：我差点来不了，刚刚肚子痛，还是那位同学背我上来的。

撒谎的嫌疑很大，但我不能盲目决断，要通过追问让他"现形"。

师：如果是这样，气喘吁吁的不应该是你，而应该是你的同学啊！再说，如果你疼得如此厉害，你不应该来学校，而应打电话给家长让家长送你到医院，或者我现在就送你去医院。

该生立即尴尬地笑了笑，左顾右盼，闪烁其词。

师（微笑着，这种微笑有时比严厉的追问更有杀伤力）：我可不希望你继续犯更严重的错误。你也知道我处理问题的态度，并且我也不想让你侮辱我的智商。

生：其实我是和刚才那个同学一起吃饭去了，结果晚了。

师：所以你的第一反应就是找一个合情合理的解释，这样可能让你逃脱处罚，并且经验告诉你这样做很有效。千万不要对我说这是第一次，你能把谎言说得如此理直气壮，我很"佩服"你，但也感到悲哀。

该生越发尴尬地笑了。

生：请老师最后再信任我一次。以后我一定不再撒谎。

师：本来我以为你是考好了有点得意，这很正常，小小年纪不可能做到宠辱不惊。一次迟到也没有多么严重。但你的谎言让我很受伤。你说让老师最后再信任你一次，我就信你一次。可是你对老师起码的信任都没有，这公平吗？老师和你一样都是渴望尊重的，你尊重我了吗？今天我感觉很受伤（故意夸大老师的痛苦），你要想办法来安抚我这颗受伤的心。

（这个地方是引导学生从对方的角度考虑问题，不能只是强调自己的理由）

学生立即陷入了思考，却迟迟不知道该怎样做。正好本周轮到我们班清洁公共卫生，于是我把这个"光荣"的差事交给了他。

师：用你的心来清洁卫生，清洁的程度就代表着你反省的程度。

于是，学生认真地做清洁。

【方法探究】

俗话说，一个谎言需要十个谎言来掩饰。当学生心中有"鬼"的时候，必然会有一些不恰当的行为出现，这些行为会通过直接的方式传递给他人，这就是人们常说的"感觉不对劲儿"，但又很难找到直接的证据。这个时候，教师可以采取步步为营的方法逼其就范。

所谓步步为营追问法，就是教师首先通过发问来找准学生的需求或破绽，了解学生的真实想法，然后再根据学生的具体表现步步追问，直到让"搅局者"暴露问题的真相，或者意识到自己的错误。

案例中学生"气喘吁吁"的表现和"同学背我上来"的陈述明显矛盾，教师正是抓住了这个矛盾之处，用联系家长或送医院来步步紧逼，最后用"我可不希望你继续犯更严重的错误"来击垮学生的心理防线，于是学生彻底缴械投降，说出实情。

运用这种方法首先要考验教师的预判能力，要能准确地捕捉到学生行为的矛盾点，或洞察学生内心的隐秘。很多"搅局"的学生往往内心有一种隐秘的渴望，或是为了某个目的，但又不敢或者不方便直接表达，所以就会用一些"行为"来引起教师的关注。面对这种行为，教师不要简单地信其表面语言，而应该通过观察、追问，洞察其真实的意图。

观察的重点就是学生的肢体语言、语气语调、眼神变化等。如果学生内心怀有不良意图或者有难言之隐，其肢体动作、语气语调、眼神等都会有所反映，这些内容可以使我们做出直观的初步判断，也为后面的发问打下了基础。例如，案例中学生"尴尬地笑了笑""左顾右盼""闪烁其词"等表现都向教师传递了很多信息。

发问有很多种方法。

单刀直入的查问方法常令对方仓皇应战，暴露虚实，从而获得真实信息。

另一种方法是无疑而问法。无疑而问即明知故问，借此探测学生的反应。有疑而问旨在了解和掌握未知而须知的情况。二者可以交替使用，以有疑而问作为主体。学生往往会对无疑而问准备不充分，在意料之外仓促应对，做虚假回答，而谎言一旦被戳穿便乱了方寸，陷于紧张状态，很可能会暴露出一些有价值的信息。此时，教师出其不意地进行有疑而问，学生就会在慌乱中缴械投降，并做出真实回答。

【应用实例】

1. 三个学生逃避值日

师：知道今天是你们值日吗？

（两个说知道，一个说不知道）

师：你说不知道的目的是推卸责任呢，还是自我辩解呢？你不知道的责任该谁承担呢？难道你没有值日却要让劳动委员来替你承担责任？

师：我很愿意相信你说的"不知道"是真的。不过是不是真的，只有你自己最清楚。他们两个承认知道该自己值日，至少表现出了真诚的一面。如果他们因为坦诚而受到重罚，而你说"不知道"却逃脱处罚，你说他们以后还会承认吗？

生：可能不会了。

师：你连自己值日都不知道，说明你犯的错误比他们还重。我让你和他们两个一样接受处理，对你来说就是宽容了。

最后，三个学生都自觉接受了劳动委员的惩罚。

2. 漫不经心的演讲

轮到一学生课前演讲，他漫不经心地走向讲台，从口袋里掏出一张小纸片，上面写的是国歌歌词，他随便读了一下，就宣告演讲结束。台下的学生一脸的愕然。

师：你读的是国歌，我无法批评你演讲的内容。但明眼人都知道你这样做是不对的，你自己更清楚。请问，你上台演讲的目的是什么？又想获得什么？

学生无奈地说自己没有准备，要不就找个故事读一下。

师：既然你能找到好的故事，为何这次没这样做呢？我不是说国歌不能用来做演讲的材料，而是对你整个演讲过程中表现出来的态度不满意。这种态度也恰恰是你学习状态的反映。

师：我问你几个问题。你想不想有优秀的表现？

生：想。

师：有没有优秀的能力？

生：有。

师：敢不敢做出优秀的行为？

生：敢。

师：好的，现在跟我做。昂首挺胸，目光平视，看向同学，面带微笑，握紧拳头，大声说："我很优秀，我一定能做到很优秀。"

学生一开始表现得很腼腆，经过几次引导和指导后，他终于大声地说了出来，脸上也表现出了应有的坚毅和自信。我又鼓励他："其实你真的可以做到很优秀。上次会考模拟测试你三科都不及格，这次就有两科过关。这充分说明了你的学习潜能。你有勇气展示自己不好的行为，为什么不把这份勇气用来展示自己优秀的一面呢？"

最后，该生在大家热烈的掌声中走下讲台，台下的学生也同样有所感悟。

【启智故事】

负 担

有位圣人要到喜马拉雅山朝圣，那可不是件容易的事，山上终年积雪，道路狭窄，路旁是万丈深渊，稍不注意就一命呜呼了。他带了很少的行李，因为如果带的东西太多，在高山上行动会非常不便，那里空气十分稀薄，连呼吸都很困难。

就在他前方，他看到一个小女孩，一个不超过10岁的小女孩，她背着一个孩子累得直喘气。圣人走到她身边，说："我的孩子，你背得这么重，一定很疲倦。"

女孩生气地说："你背的才是一种负担，我背的并不是负担，他是我的弟弟，而我爱他，我怎么会疲倦呢？"

故事启迪

　　同一个班的学生，完成同样的学习任务，对有的学生来说是负担，对有的学生来说不是负担，主要原因是什么呢？是学生之间的学习心理差异。不把学习当负担的学生，他们对学习热爱的程度远远高于那些视学习为负担的学生，因此，要把那些"视学习为负担"的学生转变成"视学习为快乐"的学生，就要多给予他们爱，用爱去换取他们对教师的爱、对学校的爱，从而让他们爱上学习。只要他们爱学习了，就会把学习看成自己成长的需要，是能给自己带来快乐的事情，这样他们就会十分乐意地去学习，学习就再也不是负担了。

第24章

先跟后带：让搅局的学生失去"斗"力

【慧心慧语】

> 当你努力去发现美好，美好也会发现你；当你努力去尊重他人，你也会赢得他人的尊重；当你努力去帮助他人，你也会得到他人的帮助。生命就像一种回音，你送出什么，它就送回什么；你播种什么就收获什么；你给予什么就得到什么。

【案例导入】

物理老师讲能量守恒定律，举例说，能量守恒就如同打牌，赢的钱和输的钱相等。一男生插话说：那台子钱呢？

【方法探究】

对该生的插话最好不要直接批评，因为在某种程度上他说的有一定的道理，直接批评只会让他坚持己见，产生对立情绪，伤害师生之间的感情。教师可以先肯定学生，表扬他思维敏捷，考虑问题周全。然后告诉他台子钱也是收入和支出等同的，钱的总量并没有少，只是流通的渠道增多而已，能量的变化渠道也是这样的（可以结合物理的专业知识来讲解，这个学生的挑战给教师提供了深入浅出地讲解的机会）。然后，再进一步鼓励学生充分利用自己敏捷而周全的思维，相信他一定能成为一个物理高手。这样就把学生的"搅局"行为变成了教育的引导行为。这种引导方法就是先肯定对方合理的一部分，然后引导对方达到自己的目标，这在神经语言程序学（NLP）里被称为"先跟后带"技巧。

先跟后带是 NLP 治疗的 NLP 教练技术中用得最多的技巧，几乎贯穿全过程，是一项非常重要的技术，也是 NLP 基础中的基础。所谓"先跟"，就是先建立亲和感，肯定和配合对方的信念、价值观，运用当事人自己的感知模式（在催眠术语中叫"临摹"）来引导当事人。

也许有人会有疑问：如果对方的行为是错误的，其信念、价值观与我们不同怎么办？难道我们也要去肯定他吗？在 NLP 中有这样一条前提假设："信念和动机总没有错，只是行为没有效果。"在这里，我们肯定的是对方的正面动机，而不是其行为本身。

"先跟后带"其实是"上推平行下切"的组合运用，是一个固定模式的应用，其程序为："上推"—"平行"—"下切"。其要点是：在"上推"时，重复对方的话、肯定对方的正面动机，让对方感受到被尊重、被重视；在"带"时，要提出让对方回答"是啊""对啊""是的"的问话；然后，通过下切的方法，将对方带到你想要他去的方向。

运用"先跟后带"方法的关键点就是要找准"跟"（肯定对方）的点，可以从五个方面来寻找：

1. 肯定对方说过的话

从对方说过的话中，找出可以接受的部分加以肯定。

所谓"话不投机半句多"，如果两个人的谈话中没有交集，那么就不会有结果。

2. 肯定对方的情绪

这也是同理心的一种表现，即先融入对方的情境中，感受对方的情绪，并让对方知道，从而拉近彼此的距离。能够感知对方的情绪，既是一种态度——专注、投入、重视，也是一种能力——能够正确感知。例如：对方被人误会了，你可以说"这时，你一定觉得很委屈吧？"，让对方觉得你理解他。

3. 肯定对方的动机

我们说话、做事都源于动机。虽然有些人说话不中听，但可能是为了你好。有些人很努力地去做事，但效果并不尽如人意。这时，我们的肯定就如雨后的彩虹，让对方的心情豁然开朗。

举例：我知道你想得到大家的理解。

4. 从对方的角度去肯定

同样一件事、一句话，站在不同的角度会有不同的理解，很多误会就是由此产生的。角度互换对于正确理解对方的话语具有重要的作用。

举例：你是说，他当着众人的面指责你，让你觉得很没面子？

5. 承认总有新的或未曾想过的可能

大到这个社会，唯一不变的就是"变"，所以才有了那句广告语："一切皆有可能！"小到个人，说话和做事都要先经过大脑的思考，不管是有意识还是无意识的，大都取决于自己的定式思维。我特别喜欢跟大家交流。由于经验、阅历和知识体系等均有差异，这样的碰撞会拓展我的视野，让我的思路更开阔。因此，我的格言是：每个人都是一本书，只要翻开，就会有收获。

举例：你的这个想法挺有创意的，我倒没往这方面想过。

【应用实例】

1. 该不该提醒

对于课前演讲，我要求演讲者的声音要洪亮，标准就是让最后一排的同学都能听清楚。今天一学生讲得声音不够大,却没有学生提醒他。

师:你们怎么不提醒他呢?

生(振振有词):打断他人的谈话是不礼貌的。

师:你们说得很对,武断地打断他人谈话是很不礼貌的。但当别人做得不够好的时候,我们有义务去帮助他、提醒他,这样是对他负责,而不是不礼貌。

2. 座位不合理

班级座位由马蹄形排列重新调为行列排列之后,有个学生到办公室找我。

生:老师,我认为还是原来的座位排列方式比较合理,能方便我们交流。

师:你说得有道理。除了方便交流学习之外,还方便你们交流什么?

生:方便我们讲闲话。

师:除此之外,还有哪些不利于上课的地方?

生:看黑板不方便,总要扭头和侧身,很累。

师:调整为一排排的形式之后,有哪些好处?

生:听课方便了。

师:现在是冲刺考试的关键阶段,目前是学生讨论比较多,还是老师讲课比较多?

生:讲课比较多。

师:任何排座位的方式都有利有弊。我们衡量的标准就是更有利于学习,对吗?

学生不再坚持己见。

3. 课堂讲话的理由

师:你上课经常讲话,听说你的理由是"讲话可以防止睡觉,所以要偶尔讲讲话"。

生：讲话很能防止睡觉，否则总是听老师讲很容易困的。

师：防止睡觉，值得肯定。除了用讲话的方式，还有其他办法吗？

生（思考）：可以多动笔，多记笔记。

师：不错，看来你都知道，只要跟着老师的思路走，沉浸在学习当中，还是有很多办法来打败瞌睡的。我们的目的是提高听课效果，而不是不睡觉。而课堂讲话同样有很强的副作用，你给它找到了一个听起来很美的理由，所以，在某种程度上你很享受自己的课堂讲话行为。

（学生点头认可）

师：你知道以后该怎样做了吗？我们还是回到成绩分析上来。你也不用担心你的成绩。还记得开学之初我们的交流吗？我当时觉得你很聪明，接受能力应该很强，后来也的确证明了这一点。不过像你这样的学生往往有一个致命的弱点——不扎实，成绩波动会很大。（学生点头认可）所以，你接下来的任务就是发挥接受能力强的优势，弥补"不扎实"的缺点，这样你会很快提高学习成绩的。

对学生的缺点分析透彻即可，切不可以此作为攻击的靶子，否则学生会出于自我保护的本能对抗教师。点出问题还要让学生看到希望，这样指出学生的问题才有效。千万不要为问题而问题，为批评而批评。

【启智故事】

惠盎说宋康王

惠盎谒见宋康王。康王一边跺脚一边咳嗽，急促地说道："我喜欢的是既勇敢又有力气的人，而不喜欢行仁义的人。你有什么要教我的？"

惠盎回答说："我这里有一种办法，虽然能使人勇敢，但是他的剑戟刺不进您的身体；他虽然有力，却击不中您。大王您想不想知道？"

康王说："好！这是我想要听的。"

惠盎说："剑戟虽然刺不进您的身体，击打也不能命中您的身体，但您还是受到了侮辱。我这里有一种办法，能使人虽然勇敢却不敢刺您，虽然有力却不敢打您。大王您愿意知道吗？"

康王说："好！你快说给我听。"

惠盎说："那些人虽然不敢刺您，不敢击打您，但并不是没有刺您、击打您的想法啊。我这里有一种办法，能使人根本就没有想要来打您的想法。大王您想不想知道？"

康王说："好！这我更想知道了。"

惠盎说："那些人虽然没有打您的想法，但还没有爱您的心。我这里有一种办法，能使天下的男男女女无不愉快地爱您。这就胜过了勇敢有力，在四种法术中居于首位。大王您难道不想知道吗？"

康王说："你就说吧。"

惠盎回答说："这就是孔丘、墨翟的品德呀！孔丘、墨翟没有领土，却能像君主一样得到尊荣；没有官职，却能像官长一样受到尊敬。天下所有的人都对他们翘首以盼，希望他们平安顺利。现在大王您是拥有万辆兵车的大国君主，如果您真有这样的志向，那么四境之内的人就都能得到您的好处，您就能远远胜过孔丘、墨翟了。"

康王听了无话可答。惠盎快步走了出去。康王对左右的人说："客人很善辩啊！他说服了我。"

故事启迪

否定对方会引起对方的自我辩护，承认对方的合理之处能化解其防御心理。置于对方的思维，能引导对方看到更多的情况，从而达到沟通的目的。

第25章

幽默调侃：搅局的时候不尴尬

【慧心慧语】

人生最美的7个笑容：1. 被人误解的时候微微一笑，素养；2. 受委屈的时候坦然一笑，大度；3. 吃亏的时候开心一笑，豁达；4. 无奈的时候达观一笑，境界；5. 危难的时候泰然一笑，大气；6. 被蔑视的时候平静一笑，自信；7. 失恋的时候轻轻一笑，洒脱。今天，你笑了吗？

【案例导入】

今天上课，我写完板书一转过身，就看见一团纸从教室这边飞到那边，我大吼："哪个丢的，站起来！"没人反应。我又说："对自己做的事情都不敢承担责任吗？"还是没人反应。我又说："我最看不起的就是对自己做的事情不敢承担责任的人。"还是没人反应。于是我继续上课。

其实，我知道是谁丢的，与此生多接触一下，就能感觉到他心里压根儿就没有学习，若不是班主任抓得紧，他的行为习惯不知道要变得多差。请老师们评价一下，想说什么都行。

（摘自：《班主任之友》论坛《心理导航》栏目）

【方法探究】

幽默感是一种高雅而可贵的情趣，是智慧和感情的结晶；幽默思维是一种愉快的思维。具有幽默感的人往往是乐观主义者，为人处世比较灵活，能比较容易地与周围的人相处。幽默就像润滑剂，能够有效地化解矛盾和尴尬。富有幽默感的教师是受学生欢迎的教师，也是更具有教育智慧的教师。

课堂上纸团飞其实是一种普遍现象，回忆当年我做学生的时候有，初为人师的时候有，教书十几载之后仍然有。长城内外、大江南北的教室可能都会上演这样的场面。于是乎，我们可以得出一个结论，这和某个同学、某个教师没有特定的联系，而只是学生的一种行为而已。当然我并不是说存在的就是合理的，这里重点要讨论的是我们应该用怎样的态度来处理这样的事情。

首先，案例中教师对学生的评价就有点问题，他认为学生"心里压根儿就没有学习"，这是对学生行为的主观解读。我们知道，顽皮甚至搞恶作剧是学生的特性之一，学生在课堂上扔纸团是一种不符合课堂纪律的正常行为，与心理偏狭无关。至于是什么原因让学生扔纸团，这个无法一一列举，太多可能的因素会导致这种行为，当然也可能包括个别学生的"心理问题"。

其次，看看案例中教师的应对行为。"我大吼：'哪个丢的，站起来！'没人反应。"我想，在教师的大吼面前，学生最理智的应对就是沉默。我们设想一下，如果真有学生从容不迫地站起来承认，这位老师该如何处理？恐怕这位老师不会认为这个学生诚实、勇敢，更多的可能是认为这是对老师尊严的挑战，甚至会激起老师更大的怒火。

"对自己做的事情都不敢承担责任吗？""我最看不起的就是对自己做的事情不敢承担责任的人。"这样的话听起来很主流，说的人也理直气壮。不过，我在这里设问一下，教师自己在生活和工作中是否真的做到了"敢承担"？如果自己都不敢，那该看不起谁呢？教师如此的应对方式只是告诉学生他们是不敢承担责任的人，如此评价会造成对学生更深层次的负面影响。让我感觉更不恰当的是，教师知道是谁还明知故问，这样的做法不是顾及学生的面子，而是夸大负面影响，学生的反应很可能是教师太假，或者是故意让他出丑，这样只会加重学生的对抗心理。

多一点宽容，多一点幽默。像学生这种有恶作剧色彩的行为，教师没必要如临大敌，完全可以和学生开开玩笑，用幽默来处理，学生也会在教师的幽默中体会到教师的宽容、爱心，这样的效果远远好于严厉的批评。例如，这个老师可以这样说："《让子弹飞》一直很火热，我们班的山寨版本也已经出炉，说不定将来我们的同学中还真有可能出一位出色的导演。"此话一出，课堂气氛肯定不同，该生也许会一辈子记住教师的这句评价，说不定一句话就会改变学生的一生。

幽默是一种最有趣、最有感染力、最具有普遍意义的传递艺术。幽默的语言能使气氛轻松、融洽，利于交流。幽默是一种智慧，是一种肚量，是一种爱心。真正的幽默诙谐而不失风度，滑稽而不粗俗，精练而不冗长。简短的几句话或简单的动作，常常能胜过千言万语的描述与雄辩，使别人明白你要表达的事实和道理，并乐意接受。教师轻松幽默的语言不仅能调节课堂气氛，还会给学生留下深刻的印象。

全国著名特级教师李烈说："课堂上学生的笑既是一种愉悦的享受，也是一种对知识理解的表露。教师在教学活动中恰如其分的、比较幽默的语言，常常会引发阵阵笑声，这种幽默往往会比清晰的讲述更有吸引力，它会使学生在这种轻松的氛围中理解概念，更会激发学生对学习的热爱。"

当课堂教学发生意外的时候，当我们遇到挑战的时候，请用微笑来应对，用幽默来化解，它是师生关系最好的润滑剂。微笑应该成为教师的工作表情，幽默应当成为教师的职业素养。

【应用实例】

1. 投粉笔竞赛

我在教室中间讲课，前排的两个同学往讲台上的一个玻璃容器里投粉笔，并且有竞赛之意。我说："现在有两个同学很善于表现，就给他们一个表现的机会，有请两位同学到讲台上'秀'1分钟，大家给他们行注目礼，看看他们的表现。"这二人上了讲台表现很"精彩"，眼神游离不定，双手前前后后不知放在何处，身体左右摇晃，笑中有些许尴尬。我又现场对学生进行了什么叫细节描写、什么叫动作描写的讲解，这些细节体现人物怎样的心理和性格。最后掌声鼓励他们的表现。我说："不知者不怪，他们不知道在课堂上不允许做投篮动作，以前的老师也没有纠正他们。但我认为他们以后再也不会这样做了，对不对？"他们点头。

2. 思与丝

课堂检查古诗文名句默写，我叫了几个同学到黑板上默写。完毕，还是有很多出人意料的错误。我说："我需要评一个最佳创意奖，大家说该给谁？"全班同学几乎异口同声地说给刘同学，原因是他把不同的诗句进行了嫁接。我说："下面颁发最具童心奖，该给谁呢？"大部分同学给了陈同学，因为他还保留着不会写字用圆圈代替的习惯。我说："最后颁发最具形象表现奖，这个非罗同学莫属，因为，他把'思'写成了'丝'，本来无形的思念让他写得千丝万缕。"学生们大笑。

3. 一切尽在"掌握"中

课堂检查古诗词背诵，电脑点名叫起一体育生。该生请求给他一分钟准备时间。一分钟后该生自信满满地走到黑板前默写，但他的小动作引起了同学们的注意——不断地看手。地球人都知道这是在做什么，但我没有制止。他默写完毕，我说："我终于理解了一句话的含义，这句话就是：一切尽在'掌握'中。"学生们大笑。"希望同学们真能掌握要学的东西。"

4. 麻雀与凤凰

一次在数学课上，一只麻雀飞进教室，停在了电风扇上，一阵骚动后，我开玩笑说："你们看，连麻雀也来听课了，你们更要好好听哦。"没想到还不到一分钟，麻雀又起身在教室里盘旋数周后飞出去了，教室里又是一阵骚动，学生们大笑说："老师，你看麻雀听了一分钟就受不了了，都快疯了，只好走了。"我摇了摇头，一声叹息："麻雀就是麻雀，永远成不了凤凰。"众生若有所悟。

（摘自：《班主任之友》论坛《班级管理》栏目本人专帖中唐榕网友的跟帖）

【启智故事】

幽默大师萧伯纳

萧伯纳是有名的幽默大师。有一次他在大街上走路，一个骑自行车的人不小心撞倒了他。那个人连忙过来扶住萧伯纳，正要道歉，萧伯纳说话了："你真不幸，你要是再用些劲儿撞死了我，你就会因为撞死了萧伯纳而成为名垂青史的人物了。"一场尴尬纷争瞬间被友好、风趣的场景取代。

故事启迪

幽默是高情商的标志。这种情商来自先天的素养，也来自后天的锻炼和培养。如果一个人心理健康，总是乐观豁达，幽默感就会油然而生。幽默不仅让生活充满情趣，而且让人在人际交往中充满魅力。

第 26 章
一针见血：挖掘搅局者内心的"小"

【慧心慧语】

> 人不能靠心情活着，而要靠心态生活。一个人的生活如果要依赖于心情，那他一定是善变的，他的人生会像断了线的风筝，随风摇摆。生活的强者会及时调整自己的心态，让心情时常充满阳光。

【案例导入】

一位教师给初二某班上开学后的第一课，为了吸引学生的注意，老师表演了一个魔术，学生看得津津有味。魔术表演完毕，有个"问题学生"冒出一句话："老师，你比魔术大师刘谦还厉害！"老师莞尔一笑，谁知学生接着又说了一句："要是这样，我钻到地底下。"此话来了个360°的转折。

网友回应：

我会说："我和刘谦的差距确实很大，但我会努力，更何况我不是专业的魔术师。"我是想，差距学生心知肚明，还是坦白、真诚一点，争取班里大多数学生的认可。不过我还是想借此机会来给那个学生一个有力的回击，只是一时没有想出来。

王晓春老师回应：

刘谦转弯也没有你快。不过刘谦那是技术问题,你呢(用手指着这个学生),你这是人品问题。不信你去问你的父母。

(摘自:王晓春老师所著的《课堂管理,会者不难》)

【方法探究】

这种方法我一般不会使用,也建议教师们慎用,因为这样做会涉及学生的人格问题。不过,对于个别学生的极端行为,当时间不允许过多纠缠时,也不妨一用。尤其是有些教师无法掌控谈话的局面,常常被学生"欺负",用这种方法可以适当打击学生的嚣张气焰,重树教师的权威。

1. 指出搅局者的不良目的

有些学生受到不良社会风气的影响,会产生一些"恶"的念头,甚至会对个别教师产生"不良企图",因此有时会故意"找茬"来显摆自己。这时,如果教师显得过于软弱,就会被学生欺负,以后管理班级会越来越困难。很多年轻教师都吃过这样的亏。因此,对于这些挑衅的搅局者,可以一针见血地指出对方的不良企图,以儆效尤。

2. 指出搅局行为的严重后果

因为学生的人生观和价值观尚在成长期,是非判断尚不明确,更不能预判行为可能产生的后果,所以教师可以一针见血地指出搅局者如此做的后果,让对方知难而退。

3. 指出搅局行为表现出的思想品质

学生在成长过程中会出现思想偏差,如果不及时纠正,很可能会间接地促使他往坏的方向发展。这就好比一棵树的成长,为了保证躯干的健康发展,要把旁枝末节的枝条毫不犹豫地砍掉。同样,对于学生可能出现的思想品质问题,也要毫不留情地予以纠正。

运用一针见血的方法，效果是"短平快"，但也很可能产生副作用。因此，教师事后要做好安抚工作，帮助学生回到健康成长的康庄大道。

【应用实例】

1. 怎么来了个根号2

某男数学老师（身高只有1.5米）在开学第一天给初二某班上课做自我介绍时，下面有个学生笑着说："怎么来了个根号2（根号2在数学里的数值为1.414左右，学生在初一学过）？"

顿时全班哄堂大笑。男老师很生气，把这个学生骂了一顿。

网友回应：

我是比根号2高不了多少，但是把我的荣誉证书垫在脚下，比根号3（根号3在数学里的数值为1.732左右）还高。

王晓春老师的回应：

我若是这位教师，会把那个学生叫到前面，背朝黑板而立，然后在他的脑袋上方画一个大大的根号。停一会儿，我会对全班同学说："我建议给他起个外号，叫作'根号'，好让他记住这个教训，学会尊重人。"然后对这个学生说："请告诉你的家长，为了让你学会做人，我给你起了一个外号。"这是一种惩罚方式。如果此后学生们真的叫他"根号"，让他很难堪，则教育效果最佳。因为这个学生侮辱了教师的人格，所以我主张回应尖刻一些。

2. 校服与孝服

高中时全校必须穿校服，有一个复读的学生从来都不穿。一日，管这方面的老师看到此同学没穿校服，问其为什么不穿。此同学大怒，曰："我妈又没死，为什么要穿孝服？"

王晓春老师回应：

我会用探究的神情把这个学生上下打量几遍（挫其锐气），然后做恍然大悟状:"唔,原来你穿这身衣裳是为了证明你妈妈还健在。这真是新见解,有创意!我是把你这个创意向你父母汇报呢,还是向全校同学推荐呢,或者向学校教务处报喜呢?请你选一样吧。"

(以上两例都摘自:王晓春老师所著的《课堂管理,会者不难》)

【启智故事】

不能无止境地关爱

从前有一个富人乐善好施,不管是做生意亏本的返乡者,还是沿路乞讨的乞丐,只要他看到了,他都会解囊相助。究竟有多少人得到过富人的帮助,他自己也记不清了,只知道每年都有人来报答他的恩情,有人牵来奶牛,有人抱着礼品盒,有人还上双倍于当初的借款,实在还不起的人也会来向富人请个安、问声好,富人也不推辞,一一收下,等他们日后需要的时候又会毫不犹豫地还给他们。

一连三年,富人发现有个人一直没来,既没有归还借款,也没有来给他请安问好。那是个年轻人,三年前因为做生意亏本了,流落到富人的家门口时得到了富人的帮助。富人对那个人的印象特别深,认为他没再来,肯定有他的难处,所以连续三年给他寄钱,而且每年都会把资助金额在原来的基础上增加一倍,富人希望那个年轻人能够尽快摆脱贫困。

就在富人决定再次将资助的钱给年轻人寄过去的当晚,年轻人手持匕首站在了富人床前,他要求富人给他100万美元。富人不解地问:"我总共资助你的钱,已经远远超过了你当年做生意时所亏的钱,为什么你还是不够用呢?"

年轻人冷冷地说:"没错,我确实得到过你的帮助,也正是因为你的帮助,我建了高大的房子,娶了漂亮的妻子,生了可爱的儿子。可是每当我想起我所得到的这一切全是别人的施舍时,我就想,我什么时候才能像那个施舍我的人一样富有呢?现在,你还是乖乖地将钱交出来吧。"

故事启迪

给予别人关爱，应该是在别人最困难的时候扶他一把，让他脱离困境，使他最终站起来。关爱应该是有限度、有条件的。如果我们的关爱没有止境，让对方依赖上瘾，那就大错特错了。这样的关爱到头来不仅害了别人，有时还害了自己。教师关爱学生也是一样，千万别过头。

第 27 章

曲径通幽：让搅局者在故事中觉醒

【慧心慧语】

> 头脑总是聚焦于问题以及我们没有得到什么，而不是怎么解决问题或者我们已经得到了什么。头脑的工作就是解决问题。不要评价，这是无意识的。我们能做的是意识到这些，不被无意识给带走。

【案例导入】

一男生上课总是喜欢插话，有时会根据老师的言语内容断章取义，或者根据谐音胡乱联想一些不健康的东西。有一次语文老师引用古诗词"玉人何处教吹箫"，该生就不断重复"吹箫"二字，引得其他同学发笑。这样的插话常常让老师感觉尴尬和头疼。

【方法探究】

在这种情况下，教师的确不方便直接批评学生，而如果置之不理，学生会认为教师无可奈何，长此以往会造成课堂混乱。这时不妨借故事提醒学生，让学生意识到自己的语言和心灵是相互联系的。例如，有一次我就给学生讲了苏轼和佛印的故事。

宋代大文豪苏轼非常喜欢谈佛论道，他和佛印禅师关系很好。有一天他登门拜访佛印，问道："你看我是什么？"佛印说："我看你是一尊佛。"苏轼闻之飘飘然，佛印又问苏轼："你看我是什么？"苏轼想为难一下佛印，就说道："我看你是一坨屎。"佛印听后默然不语（也许是气得说不出话来）。于是苏轼很得意地跑回家，见到苏小妹，便向她吹嘘自己今天如何用一句话噎住了佛印禅师。苏小妹听了直摇头，说道："哥哥，你的境界太低，佛印心中有佛，看万物都是佛。你心中有屎，所以看别人也就都是一坨屎。"

我借这个故事提醒学生：请大家注意自己的课堂语言，不要让你的语言出卖了你的人格。从此，班里的学生都特别注意自己的语言。

心理学研究表明，人类的意识和潜意识的力量对比悬殊。我们认为的道理只存在于左脑，仅仅占沟通影响力的10%。而潜意识的影响力却占90%。所以很多时候，我们感觉很有道理、的确应该如此，然而很难付诸行动。比如，我们知道遇事应该保持冷静，但是看到别人的错误总是忍不住大发雷霆。这就是"知易行难"的原因。

人类学家和沟通学家格里高利·贝特森认为，人类发现类似点的能力是"诱发性思维"的一个功能，这些类似点可以引领人们关注自己体验的更深层结构，而不仅仅是那些表面上的不同。与"归纳性思维"和"推理性思维"不同，诱发性思维可以产生更强大的创造力。而故事就是激发这种"诱发性思维"的主要方式。

因为潜意识更多的是通过图像来工作，而故事能够在潜意识中形成清晰具体的图像，从而将潜意识中的能力更充分地调动起来。

当道理很难用语言直接表达的时候，我们可以用故事的形式进行意会。面对学生的问题，如果我们直接说明道理，学生的思维往往会处于对抗状态，导致教师的说教很难入心，甚至还会因为抗拒"改造"而和教师发生冲撞。而运用故事则不同，故事能够和学生的潜意识沟通，这些道理不是教师强加给他的，而是他自己察觉到的。自己得来的东西，学生更容易接受。

当直接讲大道理效果不好的时候，可以用隐喻的形式暗示。很多教师教育学生的时候常常搬出一套人生的大道理，苦口婆心地教育学生，却往往效果不明显，甚至还可能引起学生的反感。如果借用故事等隐喻的方式进行暗示，就很容易和学生的潜意识进行连接，使其不教而明。

王娟以前的成绩很不理想，她想振作，于是制订了一个宏大的学习计划，但因为四处出击，效果并不理想。她去找班主任李老师谈心，李老师没有直接给她讲道理，而是先给她讲了一个故事："一位青年豪情万丈地为自己树立了许多目标，可是几年后却一事无成。他去找一位智者，智者对他说：'你先帮我烧些开水！'青年见墙角放着一把极大的水壶，旁边是一个小火灶，却没有柴火，于是出去找柴火。他在外面拾了一些枯枝，装满一壶水后将壶放在灶台上，点燃枯枝烧了起来。壶太大，枯枝烧尽了，水也没开。智者问他：'如果没有足够的柴，你该怎样把水烧开？'青年想了一会儿，摇了摇头。智者说：'不如把里面的水倒掉一些！'青年若有所思。智者说：'你踌躇满志，树立了太多的目标，就像水壶装了太多的水一样，而你又没有足够的柴。青年恍然大悟。因此，不要想一口吃个胖子，要先设定小目标，一个一个地实现。"王娟豁然开朗。

俗话说，贪多嚼不烂。如果目标过于庞大，最后往往焦头烂额，什么都实现不了。为了说清这个道理，李老师以一个透彻的哲理故事做前导，非常形象直观地说明了道理，让王娟了解了自己学习计划的症结所在。哲理透彻，方法明确，才更具有指导意义。

【应用实例】

1. 愿意尽力吗

一学生到黑板前默写诗歌，不会，请我给他两分钟时间准备。两分钟之后学生完成默写。

师：假设我带你去一座金山，上面堆满了黄金，随你拿，你会拿多少？

生：如果真有这等好事，我当然会尽全力去拿。

师：其实未来的社会上充满了黄金，就看你有没有能力去拿了。你每多一份知识，就多了一份能力。你认为你尽力去获取知识了吗？你想想，如果尽力会有什么结果？当你拥有了创造财富的能力，还愁没有黄金吗？

生：明白了。谢谢老师。

2. 用故事化解矛盾

两个女生因为一个生活细节产生了严重的矛盾，A女生认为自己只是和B女生开玩笑，没想到对方会如此介意，小题大做。B女生认为A女生对她进行人格侮辱，一定要A当众向她赔礼道歉。双方各执一词，越辩解矛盾越深。于是，我让两个女生坐下来，不谈她们之间的是非，先给她们讲了一个故事：

一对夫妻原本有一个非常幸福的家庭，两人出于孝心将婆婆接到家中，却因为一些生活细节产生了矛盾，最终导致了难以挽回的遗憾。

媳妇看到婆婆洗碗的时候不用洗洁精，为了不伤及婆婆的自尊，于是晚上在厨房偷偷背着婆婆再洗一次，不巧被婆婆撞上。婆婆很生气，她认为媳妇嫌她脏。

看到媳妇吃早餐呕吐，婆婆再次感到气愤和受伤害，以为媳妇忍受不了她做的早餐。婆婆一气之下收拾东西冲出家门，却被急速驶过的汽车撞倒，后经抢救无效去世。从此，先生连续三天彻夜不归，跟妻子的关系降到了冰点。他认为妻子如果不呕吐，自己的母亲就绝不会冲出家门，他将妻子视为间接凶手。

而实际情况是，太太之所以那天早晨呕吐，是因为已经怀孕。

师：媳妇有错吗？

生：没错，而且很好。

师：婆婆有错吗？

生：好像也没错。

师：那婆媳矛盾是如何产生的呢？

生（有所悟）：两人对同一件事情的理解不同。

师：丈夫有错吗？

生：也没错，如果认为妻子嫌弃自己的母亲并造成母亲去世，换成谁都会很生气的。

师：你们认为化解家庭矛盾的方法是什么呢？

生：敞开心扉，说出自己的看法，不让猜忌影响双方的感情，并且对对方的行为多一分理解。

师：对。因为大家的人生经历不同，所以对同一个行为的理解也会不同。好的关系就是从理解对方开始。（问A同学）你和B开玩笑的目的是什么？

A：我感觉她成绩比较好，我想用这种方法引起她的注意并与她成为好朋友。

师：你认为自己不恰当的地方在哪里？

A：可能是没有考虑对方的感受。在我看来很正常的事情，没想到她反应那么强烈，这可能和她的经历有关。

师（问B同学）：你反应如此强烈，目的是什么？

B：我就是想让对方尊重自己，让她知道我不是可以随便被欺负的。

师：你认为A不尊重你，是在欺负你，所以很生气，对吗？如果感觉到自己受欺负，谁都会生气的。可以理解。你现在是怎么看的呢？

B：也许我太敏感了。

在故事的启迪下，双方理解了对方的行为动机，A为自己不恰当的行为向B道歉，B也因为自己过度敏感而请求A理解包涵。

3. 自我惩罚议定书

班级最近的学习氛围不错，但还是有个别学生无法集中精力，或者说有学习的欲望但没有学习的定力，因此总是不断给自己找放松的理由。人都是有惰性的，但任何纪律执行起来都是有漏洞的，只要学生想对抗，他们总会有让教师防不胜防的点子，教师管理起来就很疲惫。因此，我们在加强纪律管理的同时，也要引导学生自我监督，于是我想到了让他们进行自我惩罚的方法。在周一的班会课上，我让学生讨论完成了"自我惩罚议定书"。

首先进行思想引导，只有学生的思想认识到了，后面的操作才会顺利。我先讲了两个故事，给学生做了思想动员。

班会课一开始，我说大家最近复习很紧张，先给大家做一道有趣的题。学生立即来了兴致。

有5只青蛙同在一块木头上，其中4只决定起跳，请问，木头上还有多少只青蛙？有的学生脱口而出"一只都没有了"，这可能是受打树上的鸟的故事思维的影响。有的同学说"还有一只"，这是简单的加减法。还有的同学很聪明，说"还有5只"，因为题目说的是决定起跳而不是跳起。这的确是正确的答案。于是我结合学生的学习进行了阐述：

我从班级镜头里看到了同学们学习的决心，但在生活中又看到很多同学有惰性，任由时间流逝。这和青蛙的决定如出一辙，同学们，决定要努力学习和努力学习是两个概念。我们不要只有决心而没有行动。但是，人都是有惰性的，如何才能让决心变成行动呢？下面我再给大家讲一个故事：

为了提高自己的演说能力，古希腊著名演说家戴摩托西尼躲在地下室里练习口才。然而，由于耐不住寂寞，他总是想到外面去玩，练习的效果不尽如人意。戴摩托西尼很是气恼，无奈之下挥动剪刀把自己的头发剪去一半，变成了怪模怪样的"阴阳头"。他的发型使他羞于见人，他只得打消出去玩的念头，专心地练习口才，最终他成了世界闻名的大演说家。

戴摩托西尼的办法就是不给自己退路，一心达到自己的目标。在生活中，有许多诱惑和享乐，它们会阻碍你成功的脚步。那么，当你惰性膨胀、追求的脚步难以为继时，就应该学学戴摩托西尼，彻底斩断向惰性和欲望妥协的退路。不给自己退路，逼着自己朝着成功的方向迈进，才能到达成功的彼岸。

我以前给大家讲过一个故事：一个推销员总是难以取得理想的成绩，他在每次行动之前都做了充分的准备，但更多的是考虑到了困难。有时还没有行动，他就被这些困难吓倒了，于是主动放弃了精心构思的推销计划。后来，他的一个同事用实际行动打破了他的心理障碍。他的同事告诉他："马路的对面有一个女孩，我要在20分钟内把这套化妆品推销给她，否则我就会被汽车撞死。"结果他的同事在15分钟内就成功地完成了推销。这就是不给自己留退路，一心为成功想方法，不为失败准备借口。这也是很多人的成功之道。现在同学们为何总是不能把自己的决心化为行动呢？因为大家给了自己太多的放松自己的理由。例如，回到家学习累了就多看会儿电视；好久没有玩游戏了，星期天好好犒劳一下自己，等等。这样，我们的信心大厦往往会被这些蚁穴式的懒惰击垮，随着时间的流逝，我们会逐渐丧失信心，直到最后彻底绝望。现在我们还有足够的时间来改变我们高考的命运，而这一切都取决于我们的行动。因此，如果你真有决心学好，就请你给自己定下一个惩罚标准，然后把它写下来，我们就叫它"自我惩罚议定书"吧。

结果全班同学在规定的时间内完成了自我惩罚议定书，有的同学把惩罚定得比较温和，但大部分定得比较严厉，甚至有些残酷。我让他们记住自己定下的惩罚标准，然后把议定书交给我保存。

【启智故事】

没有伤痕的伤痕

美国某大学的科研人员进行过一项有趣的心理学实验，名曰"伤痕实验"：每位志愿者都被安排在没有镜子的小房间里，由好莱坞的专业化妆师在其左脸上做出一道血肉模糊、触目惊心的伤痕。志愿者被允许用一面小镜子照照化妆的效果，之后，镜子就被拿走了。

关键的是最后一步，化妆师表示需要在伤痕表面再涂抹一层粉末，以防止它被不小心擦掉。实际上，化妆师用纸巾偷偷抹掉了化妆的痕迹。

对此毫不知情的志愿者被派往各医院的候诊室，他们的任务就是观察人们对其面部伤痕的反应。

规定的时间到了，返回的志愿者竟无一例外地叙述了相同的感受——人们对他们粗鲁无礼、不友好，而且总是盯着他们的脸看！

可实际上，他们的脸上与往常一样，什么也没有；他们之所以得出那样的结论，是因为错误的自我认知影响了其判断。

这真是一个发人深省的实验。实验者在内心怎样看待自己，在外界就能感受到怎样的眼光。而实验者内心深处对自己的看法，来自专业人员与权威最初所给的看法与结论。

故事启迪

> 如此看来，一个学生若是长期受到教师的抱怨、批评、冷漠、不公对待，他的内心世界对自我的认知就会出现偏差。这个时候，他就会把自己看成一个卑贱的人，感受到的多是"瞧不起"的眼光。一个被歧视的人，感受到的多是"敌视"的眼光；一个叛逆的人，感受到的多是"挑衅"的眼光……因此，教师应多给学生宽容、激励、热情、公平，使学生拥有积极的内心，并能积极地看待自己。
>
> 同时，我们还要告诉学生：在发现别人给你异样眼光的时候，需要改变的，正是自己的内心；而内心的世界一旦改善，身外的处境必然会随之改变。在这个世界上，只有你自己才能决定别人看你的眼光。

第28章
时空穿越：改变感受就会改变行为

【慧心慧语】

> 任何思考的结果都有正、负两方面，聚焦过往未曾发现的另一面，将会令我们对思考的结果有新的看法。

【案例导入】

有一天，班长蔡仪（化名）告诉我，苏林（化名）总是欺负班里的女生，有时还动手，女生都很讨厌他。

【方法探究】

对于这样的男生，一般的教师往往会从学生的品质入手，对该生进行品德教育，这样的方式往往很难见效，甚至还会把学生往错误的道路上再推一把。

我了解发现，在苏林内心深处有一种讨厌女生的情结，根据神经语言程序学理论，我判断在他的神经链里链接着一种生活表象，在下意识里重演一段不愉快的经历，慢慢就形成了对女生的偏见。只有消除这种过往经验带来的感受，才能从根本上解决他的问题。

原来苏林读小学的时候很老实，总是被同学欺负，尤其是漂亮的女孩子。有一次一个女生欺负他，他忍无可忍进行了回击。这个女生来了个恶人先告状，到老师那里投诉他，结果他被女老师打了两巴掌。

这段生活经历让他对女生产生了厌恶情绪，随着年龄的增长，他感觉到要想不被别人欺负，自己就要强大。他表现强大的方式就是通过欺负别人，让别人害怕自己。进入高中后，他刻意展示自己"不好惹"的一面，经常欺负女生。

要想改变他的行为，必须先改变他的认识；要想改变他的认识，必须先改变他的感受。于是我决定通过接纳情绪，用改变生活体验来改变他的感受，消除他对女生的不良印象，使他产生对女生的良好感觉，从根本上解决他欺负女生的问题。

师：我想你当时一定很难过。

他激动地点了点头。

师：不仅仅是你难过，我想任何一个人受到这样的委屈都会难过，甚至会产生一种报复的冲动。

听我这样说，他激动地说："就是这样，我从那时开始就特别讨厌女生，甚至会找机会报复她们。"

师：你的想法可以理解，不过，你有没有想过，当别人受到你的欺负时，是否也会有类似的想法？再说，当时诬陷你的人已经不和你做同学了，而现在的同学有没有诬陷过你呢？

生：我们班的女生的确没有做过对不起我的事情。

因为有老师的理解在前，学生慢慢打消了防御心理，对问题的认识也趋于理性。

下面就要从他的神经链中剔除这个不愉快的表象链接，代之以新的表象链接。

师：你想不想改变这个不良习惯？

生：我努力过，但有时就是控制不住自己，不由自主地就做出欺负女生的举动。

师：只要你想改变，老师会帮你的。现在请你闭上眼睛，想象那个女生在向老师告你的状，然后老师给了你两巴掌。你用一块很有神力的黑色的魔布，把那些让你感到不愉快的影像统统盖住，用力把它们扔向太空。那块黑布很神奇，它会按照你的意思带着你仇恨的"对象"飘向远方。你想象那些被覆盖的影像越飘越远，直至彻底消失。当你想到这一切的时候，向我点头示意。

（这是神经语言程序学调节学生不良情绪的覆盖法：让眼前出现那个想去掉的影像，然后想象用一块黑色的魔布或其他感觉容易覆盖的黑色东西把那个影像盖住，覆盖的同时想象在那块黑布的魔力作用下，被覆盖的影像很快消失了。于是，旧有的神经链的影像被去掉，这便意味着，旧有的神经链在潜意识里也被覆盖、去掉了）

过了一会儿，苏林点了点头。

师：很好，现在请你正面评价我们班的女生，尤其是比较优秀却被你欺负的女生。

生：她们学习很刻苦，待人接物很有礼貌，不记仇，等等。

师：那么，你认为她们会怎样评价你呢？

生：可能认为我这个人很衰，没有教养。

师：你希望得到这样的评价吗？

生：不希望。

师：下面请你想象你用热情而有礼貌的方式对待女生，并想象她们的反应。

过了一会儿，苏林点头。

师：请你描述一下你想象的场面。

生：当她们遇到困难的时候，我伸出了友谊之手。

师：你能不能具体描述一下当时的场面，例如帮助女生提很重的物品，告诉我，你感觉如何？

生：很自豪，感觉自己有男子汉的气概。

师：再想一想，当你做了这一切之后，她们是如何评价你的？

生：她们说我很有男子汉气概，很有修养，很有责任心，等等。

师：你的感觉如何呢？

生：很开心。很希望这样。

师：我认为你也能做到这样。给你带来不愉快的是以前的同学，她们已经离你远去；现在的同学是很可爱的，请你珍惜。

（这是通过想象建立美好的影像，然后建立新的神经链。新建的影像被强化，就意味着与之相对应的神经链也被强化了）

之后，苏林果然不再欺负女生了。女生对他的评价也越来越好。

试想一下，如果不了解该生的这段生活经历，而随便给他贴上一个"品质恶劣"的道德标签，甚至痛心疾首地对他进行一番动之以情、晓之以理的教育，会有效果吗？或者，拿起"纪律"的武器，给学生一个处分，学生也许会迫于压力而收敛自己的行为，但我相信他内心的那颗"毒瘤"会越来越大。

这个谈话过程围绕着时间线不断修复和建立新的感受，形成新的影像，让新的次感元来影响学生对外界的判断，他的不良行为自然就会改变。那什么是时间线呢？

我们在神经语言程序学中使用术语"时间线"（time line），它是指神经储存过去、当前或未来的图片、声音和触觉的方式。在时间维度上，它构建"主观体验"。

当我们谈论时间时，我们用了很多"次感元"的表达词，以此来编码我们的"主观经验"。假如我们没有一些方法来将时间归类，就会出大问题。

想象有一条线，连接着你的过去与未来，那就是你的"时间线"：过去—现在—未来。

1. 时间和主观体验

我们在时间上形成体验——一生的时间——这些决定了我们如何同这个世界联系。它们作用于我们的信仰、态度、价值、情感以及领悟能力。我们将这些令人难以捉摸的个性和意识的概念包藏于记忆中。"身份"可以被认为是时间跨度上的记忆汇总。我们借助于过去和未来进行"识别"。

从我们使用的"时间线"的概念来看,"记忆"必定处在时间上的某一点——过去、现在或将来。从神经语言程序学的意义上讲,你所记忆的似乎都是同一件事物,只不过它们沿着时间线在不断移动,因此,你有时会遇到"记忆"一词。它不仅用于过去,也用于未来。

当然,我们的一切思维活动,包括想象力、焦虑、处心积虑等,无不与当前、过去和未来有关。现在,你马上可以想到其他场景中的人、物或事,你能记起上周的某一天做过什么,你也同样可以十分详细地虚构某一未来的情景。在每种情况下,你用的是同一种感官呈现系统,如视觉的、听觉的或者触觉的。

然而,我们并不十分肯定,某些事情是发生在过去、现在还是将来,即使每一种情况我们都有身临其境的精神体验。

2. 演绎点线人生

时间线,顾名思义就是由时间组成的"线条"。从过去到现在直至未来,在我们身上发生过大大小小的事件,如果我们去感觉,那些事件都会"贮存"在某个空间位置上,把无数个这些位置连接成一根虚拟的"线"便叫作时间线。当然,不同的事件,有大有小,有好有坏,就像汩汩流淌的河流,有浪花也有暗流。时间线的魅力在于可以穿越时空:既可以回到过去,处理各种负面情绪和限制性观念,以便更好地活在当下;也可以开创未来,消除过度的焦虑感,在一定程度上减轻身体症状的痛楚。

3. 追根溯源,改写记忆

为什么我们有时因为一点点小事就会莫名其妙地突然动怒?为什么我们常常等不到成功的那一刻就主动退缩,拱手让人?答案就在于我们沉睡在过去。我们经常把情绪丢给时间去处理,总是自我安慰说"时间是治愈痛苦最好的良药"。殊不知,情绪如果没有及时处理,并不会随着时间的推移而消失，反而会越积越多，就像休眠的火山，表面上看似平静，一旦遇到类似事件便会反应过激，突然爆发，伤己害人。

4. 遇见未知的自己

古语有云："人无远虑，必有近忧。"我们常常被眼前的状况困住而看不到更远的将来，于是整日生活在焦虑当中。

明天的活动就快到了，准备工作却一半都还没完成，想着琐碎的事情、少得可怜的时间，心情实在好不到哪儿去。可假如我们想象着时间快进到了后天呢？后天的你，已经成功举办了一场大型的商务活动，到场嘉宾纷纷走来与你握手，表示对你努力工作的认可和赞赏。进一步，随着这次活动的顺利举行，公司赢得了相当的名气和声誉，不少商家都有意向跟公司开展各种形式的合作。再进一步，数年后的你作为特邀嘉宾，在镁光灯下，意气风发地站在精英讲坛上，与大家分享成功的经验。

充分地、真切地享受这份成功的感觉，将它深深吸进体内，现在你已经是那个理想的自己、那个未来的你了，带着那份舍我其谁的感觉，慢慢回来，近点儿，再近点儿，回到当下，把焦虑转化为适度的重视，转化为动力，为了成为数年后那个梦想中的自己，开始着手筹划明天的活动吧！成功就在前方，梦想伸手可触。

人生一世，犹同线条，有的曲折，有的顺畅。过往并不如烟，将来也非神秘。每一个真实的现在，都曾经是你幻想的未来。处理过去，把握现在，丰盛的未来正向你走来。

【应用实例】

1. 更喜欢哪个自己

一学生无心上学，上课就睡觉，对同学们的嘲弄已经有些麻木。我利用早读的时间和他进行了一次简单的谈话。

师：我们现在不是上课，你尽可以表达你的想法。上课你乱讲我可能会批评你，因为那是公共时间，你因为耽误了全班同学的学习是要受到批评的。但现在是我们两个聊天，所以你不必有顾忌，放松下来，我们随便聊聊。

（该生一开始略有紧张，但听我讲完慢慢放松下来）

师：你来这里学习的目标是什么？

生：我就是没有目标，也没有学习的动力。

师：你认为该怎样度过每一天呢？

生：我还没有计划，每天就是这样过。

师：据我了解，你小学和初一的时候学习很不错。根据我最近的观察，你的接受能力很强。所以，你有变得优秀的潜质。我们先不考虑你打算每天怎么过，我们先设想一下，两年后的6月27日公布成绩的时候，你的分数超过了本科线。你想一想，这个时候老师、家长、同学会怎样评价你呢？

生（想了一会儿）：老师会说我很努力，会鼓励我好好干等。

师：我可能会这样说，lqh（该生名字的首写字母）的确很聪明，他改变了态度，然后就改变了人生的结果，我可能还会经常在以后的教学中以你为例子来鼓励其他同学。

学生的脸上有一点红晕。

师：你爸可能会有什么表情？请你想一想。

生：他会很兴奋，满脸的笑容。

师：现在你爸和你说话的时候一般是什么表情？

生：皱着眉。

师：你喜欢哪种表情？

生：当然是喜悦的表情。

师：同学们会怎么评价你？

学生沉默，因为他现在经常受到同学们的嘲弄。

师：我知道你现在经常受到同学们的嘲弄，你希望这样吗？

生：不希望。

师：所以，两年后你的同学可能这样说，没想到他变得那么优秀，当时怎么没看出来呢？

师：这种体验是不是和你打游戏过关时的感觉相同？只不过打游戏是虚拟的，而这种体验才是真正的快乐。你愿不愿意实现它呢？

生：愿意。

于是，我引导他把一个看似很大的目标分解成每天的学习目标，他也越来越有自信了。当天的语文课，他破例在书本上写满了学习笔记，我也当场表扬了他，以增强他的学习动力。

2. 培养优秀的"自我"

张远山智力超群，但学习动力不足，学习习惯不好。家长、老师对他进行了多次教育和指导，效果都不明显。于是，我对他采取了自我反思教育法。我拿出一张便条，请他先真实地进行进入高三的自我评价。于是，他写下了如下内容：

进入高三之后，我的学习状态一直保持上升趋势，但是因为本身很懒，导致成绩往往不能排在班级前列。我有偏科的现象。语文、数学、英语的学习从一开始的"不用学"发展到了"学不上心"；政治、历史、地理的偏科问题很严重，每次段考总是综合科把分数拉下来，仅综合科就比别人少了将近50分。其实我自己对学习是有一套办法的，就是针对不喜欢学的通过看电视节目找出乐趣去学习。例如，看新闻对政治学习很有帮助，看球赛会使我对世界历史、世界地理产生强大的兴趣。我相信我能做好。我会制定大脑兴趣学习规划，把学习与兴趣结合起来，开发大脑的未用部分，把自己的潜能发挥出来，希望今后我能有个"高三标准生"应有的样子，也就是"活读书、读活书、读书活"，不断进步，力争在下次段考中创造奇迹。

在接下来的交流中，他告诉我，他妈妈很忙，爸爸上班离家也很远，我这才知道他妈妈是人民医院的医生，爸爸也是知识分子。当时我就说:"根据遗传学,你应该有很高的智商。而且知识分子家庭的孩子往往有一种内在的爆发力,所以你具备创造奇迹的条件。但是你现在的成绩对不起你父母的基因。在心理学上有两个'自我'的说法,即一个是优秀的自我,一个是放纵的自我(当时我不知道该用什么词语来表示,就创造了这个说法,请专业心理老师不要嘲笑,并恳请给予更正)。请你继续答题:对于发展优秀的自我,你有哪些优势?可能达到的高度是什么?然后再分析,造成'放纵的自我'的因素是什么?如果任其发展下去可能导致的结果是什么?如果拒绝这种结果的发生,你采取的办法是什么?"

下面是他交来的答案:

优秀的自我:

(1)我的优势就是善于从内心改变自我,把不好的东西转换为好的东西,就像我现在的学习状态,过于放松,我可以迅速调整自我意识,马上使大脑进入紧张的学习状态。我看任何事物都比较乐观,但并不会过分乐观,我想这有利于我高三的学习。

(2)可能达到的高度。我想我的高度是无限的,因为我还没有尽力,我相信自己可以跑得更快、飞得更远,永不止步。

放纵的自我:

(1)其实影响我放纵的因素就是我自己。我的大脑可以隔离一切影响,我很难让自己做不喜欢的事情。

(2)可能导致的结果:可能会后悔。妈妈对我充满期望,我却令她失望,家庭的压力会因我而增大,他人会看低我。

(3)解决办法:我不相信奇迹,但我知道自己能创造奇迹。我总能做出令人不可思议的事情,我会以每一次的成功提醒自己:把属于你的奇迹展现给大家看。解决自我放纵的问题不是难题,我相信我能自我调整过来,增强对学习的兴趣,集中精力投入学习。

我看他分析得基本到位,但还是过于笼统,不利于日常监控,更不利于自我检查和督促,于是说:"你有成为优秀学生的足够条件,我们要瞄准结果，更要关注过程，同时还要不断给自己信心，而要做到这些，就必须有一个标准。下面请你给自己设定一个优秀的标准。"

下面是张远山自己写的标准：

从生活方面说起，"懒"是我的"象征"（标志）。我已经成年了，必须进入自我调整的意识状态。

（1）家务必做，减轻父母的生活压力，即使是很小的事情。这一点我已经做到了。

（2）学会自理，自我爱护。这一点我也做到了。

（3）有感恩之心，从小父母就说我有感恩的心。

学习上：从高中开始到现在，我发觉自己受表扬的次数不少，高一、高二都拿过奖，但每次都是进步奖，我想是时候把进步奖变成"优秀奖"，再将"优秀奖"变成"突出奖"了。这就是我发挥优势的阶段性目标，从一次次的段考中总结自我，脚踏实地，不开空头支票。其实，"突出奖"并不是一个奖励，而是我对自己的一种肯定。我该为成为优秀的自我而冲刺了。

张远山写得逐渐具体，但还是不利于每天检查。而这个时候已经下晚自习了，他的妈妈在外面等他。于是，我又给他几张便条，告诉他回去后以一天为单位来确定目标。下面是他第二天交给我的纸条上的内容：

第一阶段：获得进步奖（12月—次年1月）

（1）听好每节课，减少上课睡觉、开小差。

（2）总结每一课的内容。

（3）完成老师布置的作业。

第二阶段：获得优秀奖（3月—4月）

（1）继续提高课堂学习的效率。

（2）尽量做笔记，以方便记忆。

（3）每天总结一次。

（4）完成老师布置的学习任务并自觉制订假期复习计划。

第三阶段：获得突出奖（4月—5月）

（1）利用好时间加强学习，增加压力，不给自己松懈的机会。

（2）晚读、早读一定利用好。

（3）制订冲刺计划，全力备战高考。

3. 注入学习动力

师：先说一下你迟到的具体原因吧。（不要带任何先入为主的判断语气，否则不利于谈话。这个时候学生本来就很紧张，戒备心理很强，如果教师的语气有明显的感情倾向，则容易使谈话陷入僵局）

生：因为妈妈要接上幼儿园的表妹，回家晚了，没有及时做晚饭，所以我就迟到了。

师：你妈妈是不是天天都要接你表妹啊？

生：是从今天开始的。妈妈让我在学校吃晚饭，我以后就不回家吃晚饭了，这样就不会迟到了。

师：好的，能够做到不迟到只是一种外在表现，你认为自己进入高三后学习状态怎样呢？

生（有点不好意思，挠了挠头发）：还不好。

师：你上课还会不自觉地趴在桌上，甚至睡觉，这是怎么回事？

生：假期时我睡觉很晚，现在调整得还不太好，晚上睡不着，白天就想睡觉。

师：一般情况下出现这种情况有两个方面的原因。一是自己对学习没有兴趣，上课就像听天书。一天8节课，外加早读、统练和晚自习，如果自己没有兴趣，这个过程是很痛苦的。老师天天听自己不喜欢的讲话也很难做到不睡觉、不开小差。二是睡眠不足，没有精神，再加上老师讲课不一定都精彩，上课睡觉就难免了。恐怕这两个因素你都有吧？

（学生想了想，没有说话，只是点了点头）

师：如果自己不想学习，谁也没有办法。老师可以控制你的行为，但不能控制你的想法。你迟到可以惩罚你，但你不学习老师就无可奈何了。你高三这一年想怎么过呢？

（学生脸上依旧困惑，不知所措。想表态认真学习，又没有信心；想说得过且过，很显然又不符合家长、教师的期望）

师：下面我给你描述一下你这一年的过程和可能产生的结果，看看你希望是哪一种情景。一种情景是你发愤图强，努力读书。每次考试你都有进步，老师高兴、家长开心，老师的评价是表扬、家长的评价是奖励。这个时候，你想想是怎样一种状况。请你闭上眼睛，想象这个画面，然后告诉我你的感受。

生（闭眼想象，表情逐渐轻松）：感觉很美好，很幸福。

师：下面我描述另一种情景。你依然故我，对老师的批评增加了对抗；对家长的唠叨，产生了更多的叛逆。你在学习上没有进步，就用另一种方式维护自己的尊严。结果老师失望，家长痛心。你看到老师如临大敌，见到家长如坐针毡。你不断到办公室接受老师的再教育，不断听到家长"恨铁不成钢"的说教，甚至被责骂。你再想象这样的画面，你的感受如何？

生（不用多考虑，因为有了太多的类似体验）：很痛苦！

师：你希望做哪一个自己呢？

生：当然是前者。

师：前者感觉很美好，但过程比较痛苦。就像登上奥运会的最高领奖台是每个运动员的愿望一样，这种感觉很美好，但实现这种感觉的过程很漫长、很痛苦。在这个过程中，你要不断战胜自己，要承受不断的失败，勇敢坚持；当你身边的一些人在享受生活的甜美时，你却要独自寂寞地耕耘。这个时候，你选择哪一个自己？

学生明显没有了之前的"毫不犹豫"。

师：下面你再想想高考成功后的情景。面对红灿灿的大学录取通知书，自己是怎样的兴奋；看到家长因为自己而自豪，设宴庆贺，自己作为主角来讲述奋斗的过程，那是怎样的自豪；勇敢地战胜自己、战胜游戏的诱惑，自己逐步取得了成绩，那是怎样的幸福。

生：游戏会让我一时有兴奋感，但之后还是感到很失落，有时也会后悔和懊恼。

师：那你感觉自己该如何做呢？

生（面有难色）：老师，我也不能保证一次也不迟到，公交车也可能晚点。

师：一次也不迟到，谁也无法保证。但合理地安排时间是可以做到的，例如早晨来学校，坐车可能要10分钟，但你不要给自己只留10分钟的时间，你应该提前20分钟坐车，来到学校可以自由合理地安排学习啊！

生（坚定地点了点头）：好吧，我努力试试。

师：我听说你小学、初中时的成绩相当优秀，是吗？

生（不由自主地泛起自豪感）：我曾代表学校参加数学竞赛。

师：想想你小学、初中时是哪些因素让你优秀的。

生：其实我的接受能力很强，比一般的同学学得快。就是初中后半期因为贪玩，迷恋网络游戏，我的成绩一下子就下来了，从此就厌倦学习了。

师：这说明你有很强的学习优势，同时也暴露了你学习上的不足。你知道是什么吗？

生：学得快，忘得也快。

师：解决这个问题的方法是什么？

生：多复习。

师：你以后打算怎么做？

生：制订好学习的计划。

师：例如呢？

生：每天早晨6点起床，先背英语单词。

师：每天准备背几个英语单词呢？

生：10个吧。

师：能否再规定好具体时间段？

生：6:20—6:35。

师：很好，就要用这样的方式制订好一天的学习计划并严格执行。我建议你如果每天能按时完成任务，想办法奖励自己一下。如果不能按时完成计划，也要受到惩罚。你准备怎样表扬和惩罚自己？

生：呵呵，奖励就不说了吧。如果做不到，我就在讲台上做50个下蹲（军训时教官常用的惩罚方法）。

师：我相信你一定能行的，让我们握握手，共同努力！

【启智故事】

晏子数烛邹的罪状

齐景公喜欢捕鸟，安排烛邹管理鸟，然而鸟逃跑了。齐景公很生气，下令杀掉烛邹。晏子说："烛邹有三条罪状，请让我历数他的罪状然后杀掉他。"齐景公说："可以。"于是晏子召见烛邹，在齐景公面前历数他的罪行，说："烛邹！你是我们君王的养鸟人，却让鸟逃跑了，这是第一条罪行；让我们君王因为鸟的原因而杀人，这是第二条罪行；让诸侯听到这件事，认为我们君王看重鸟而轻视人，这是第三条罪行。烛邹的罪行已经列举完毕，请杀死烛邹。"齐景公说："不用处死他了！我明白你的指教了！"

> **故事启迪**
>
> 引导对方看到行为可能产生的无法承受的后果，当事人自然就会反思当前的行为。与其否定学生的行为，不如引导学生预想未来，用未来引领现在。

第29章

权衡利弊：把选择的权利还给学生

【慧心慧语】

> 积极的心态能让你拥有"选择的自由"。我们虽然不能控制客观环境，但我们可以选择对客观现实做出何种反应。积极的含义不仅仅是采取行动，还代表对自己负责的态度。个人行为取决于自身，而非外部环境，并且人有能力也有责任创造有利的外部环境。

【案例导入】

老师在课堂上进行励志教育，鼓励学生好好学习，制定目标，奋力拼搏，冲刺高考，不为自己的人生留遗憾。一学生脱口而出：考大学有什么用？大学生还不是照样找不到工作？

【方法探究】

说实话，这一类的"搅局"行为是不适合直接批评的，因为学生的观点存在着一定的合理性，当前大学生"毕业就等于失业"的现象也的确比较常见，大学教育是不是人生的必修课尚值得探讨。因此，直接的批评只能显得教育苍白无力。

在我的教育经历中，类似的现象经常出现。我一般都不强行推销我的价值观，而是通过提问引导学生做出恰当的选择。下面选录一段我和学生的谈话：

师：如果我们可以跳跃人生的阶段，提前看到高考的结果是你考取了名牌大学（学生心目中的理想大学），不过过程又告诉我们一定要全力以赴，你现在会不会尽最大的努力去追求？

生：会的。

师：你现在对学习的投入还是不够，因为你怀疑自己付出这么多不一定能考取自己满意的大学。

生：是的。

师：我们设想一下，我们全力以赴，即使最后没有考取理想的大学，我们也会收获什么？

生：收获坚持追求的勇气，不给自己留下遗憾。

师：这份坚持对你以后的人生有没有帮助？

生：会帮助我不断进取，人生的高度就来自坚持。

师：如果我们轻易放弃高考，或者没有奋力一搏，会有什么后果？

生：留下遗憾不说，还可能会给自己造成严重的负面影响——不敢拼搏。以后遇到困难会本能地想逃避等。

师：人生难得几回搏！所以我们现在拼搏，即使没有考取自己理想的大学，也总会有收获的，对吗？

生：是的。

……

教师通过反复提问，引导学生权衡利弊，当学生看清问题的利弊之后，自然就会做出理性的选择。这种尊重学生选择的分析更容易被学生接受。这种分析的方法，可以借助于神经语言程序学的卡氏坐标分析法。

1. 什么是"卡氏坐标"

卡氏坐标（cartesian coordinates）是我们面临两难选择时为自己制

作的坐标系：做了有什么好处和坏处；不做又有什么好处和坏处……

不这样做会发生什么（正面、负面） （-A）（+B） 例子： 你不这样做的话，有什么事情会发生？	这样做会发生什么（正面、负面） （+A）（+B） 例子： 你这样做的话，有什么事情会发生？
不这样做不会发生什么（正面、负面） （-A）（-B） 例子： 你不这样做的话，有什么事情不会发生？	这样做不会发生什么（正面、负面） （+A）（-B） 例子： 你这样做的话，有什么事情不会发生？

2. 操作步骤

做出决定前，我们可以依照四步骤自问：

第一步："假如我们这样做的话，最好的情况会是怎样？"——检查可能得到的收获。

第二步："假如我们这样做的话，最差的情况会是怎样？"——为最坏的情况做准备。

第三步："假如我们不这样做的话，最差的情况会是怎样？"——不采取行动亦是一种选择。不采取行动可能令事情变得更好或更坏。

第四步："假如我们不这样做的话，最好的情况会是怎样？"——探索不采取行动的后果。

通过卡氏坐标，让学生反复权衡某个行为的利弊，以帮助学生认清事情的轻重缓急，最后让学生做出最有利的选择。这样不但尊重了学生成长的权利，还教给了学生思考问题的基本方法。无论学生的选择是"对"还是"错"，重要的是这是学生的选择，学生得到了成长。如果剥夺了学生这种成长的机会和权利，用教师所谓的"正确"的方法代替学生的选择，那么即使方法是"正确"的，从教育的角度来讲也是"错误"的。

【应用实例】

1. 学生一夜未归

　　昨晚一个学生彻夜未归家，家长凌晨2点给我打电话，可惜我没有听到。早晨学生的父母先后打电话过来，其焦急之情可以想象。早晨8点，学生仍然没有到校，有学生说看到他和××在一起，但经过核实该生又没有到××家去住。我很担心，又为要不要告诉家长并上报学校而纠结。综合考虑，我还是决定冒险：耐心等待（这样做很危险，一旦发生意外我要承担责任。但根据我的了解应该不会有太大的意外，如果上报学校可能会给后续教育带来影响，这是我做出决定的原因）。大约10点的时候学生赶到学校，主动到我的办公室说明情况："最近学习压力大，昨晚回家的时候碰到一个同学开生日party。于是就想趁机放松一下，又因为感冒头晕而忘记了通知家里，今天早晨起来还不舒服，就迟到了。"

　　学生急着同我解释原因，我故意不听，说："你知道你一夜未归，家里发生什么事了吗？"学生说："家长很着急。"但我看他的表情还是很平静，并没有真正感受到家长的心情，于是我决定让他体验一下。

　　师：你爸爸深夜在你上下学的路上和学校周围找你，2点打我的电话，都没有找到你。你知道这一晚发生了什么事情吗？

　　学生的神情有些沉重。

　　师：现在社会很乱，尤其是深更半夜的时候，心神不定更容易出事。你知道你父母现在在哪里吗？

　　学生明显紧张起来，问我发生了什么事情。

　　师：我先不告诉你，怕你受不了，你最好先做个心理准备。

　　我继续进行心理暗示。

　　师：有时候悲剧就发生在一瞬间，很多很小的失误，或者一个意外就改变了人生的轨迹。你继续想想这一晚最坏可能会发生什么事情。

　　学生非常紧张，不断地问我到底发生了什么事。我于是又问："你猜，你爸爸现在在哪里？你是否很担心你的父母？"学生的担心之情溢于言表，他用颤抖的声音自言自语："医院？"

师：你现在的心情就是昨晚你父母的心情，还好一切都没有发生。不过你的不理智行为很可能会引发你想到的悲剧。

我这一系列的暗示，目的就是让学生体验一下为亲人担忧的心情。一开始他知道父母担心自己，但并不能感受到父母的心情。于是我又让他对昨晚的事件进行了解释。

师：我理解你的心情，在这样的马拉松式的高考备考中，每个人都承受着很大的心理压力，想找种方式释放自己是很正常的，但这种方式一定要合理。

于是我让他对自己"释放学习压力"和"彻夜不归家"的事情进行了分析。下面是学生的分析：

不合理的地方：

（1）让父母担心，违反学校的规定。

（2）影响学习，影响自己的前途。

合理的处理方式：

（1）我应该用合理的、平和的手法处理自己的情绪。

（2）我应该事先向家长说明情况。

（3）学习上遇到困难本是一件平常的事情，若因此而灰心丧气的话，情绪和处理手法都会变得情绪化和冲动。

我又让他进一步分析这种合理方式的依据：

保持平和良好的心态是处理好每一件事的前提条件。没有良好的心态，做事就不可能获得成功。想问题要全面、多角度，不要只从某一个侧面或自己的角度想问题。

然后我又让他在内心对比这两种处理方式：

（1）从什么角度去看这件事？若单从自己或某一方面去看问题，那么这个观点显然是不合理的。

（2）对于学校的规章制度，要思考制定它是出于什么目的，是为了学校自身的利益，还是学生的长远利益？

我看学生分析得差不多了，就问他从这件事中得到了什么启示。

生：要正确看待自己的学习，正确看待与老师、家长的关系。要学会平静合理地处理自己的情绪。

2. 学生在课堂上使用手机

今天政治老师向我投诉：王萍上课使用手机。考虑到当时的情况，又担心影响课堂进度，政治老师没有按照规定收缴学生的手机。我说，就交给我处理吧。

怎么办呢？简单的说教可能效果不明显，因为这样的道理学生听过很多次；用"校规"来降服她，可能会激发她的"斗志"，老师虽然取得了一时的胜利，收缴了她的手机，却可能换来更大的失败——学生的对立。但置之不理显然也是不可以的。

晚自习我走进教室，看到王萍戴着耳机在学习，她耳朵上闪亮的耳钉很显眼，因为学校不允许学生佩戴首饰，因此这个问题也要一起解决。但考虑到学生都在认真做作业，我也只是小声地提醒她把耳机摘下来，其他问题等下课再说。课间我又来到教室，递给她一张纸条，开玩笑说："给你一道数学题做一做。"她很惊讶，笑着接了过去。纸条上写着一行字："王萍，请你计算一下上课使用手机的成本。"她收起笑容，开始思考。

又是课间时间，我把王萍叫到办公室，和她一起寻找答案。

师：上课使用手机会有两种结果：一种是没有被发现，另一种是被发现。如果老师没有发现，成本会是什么？

生（她很显然明白我的用意）：跟不上老师的思路，知识点记不住，还会引发进一步使用手机的欲望，甚至成为习惯。

师：如果考点没有记住，后果会是什么？

（学生默然）

师：将来高考的时候很可能会因为一个考点而影响得分，一分之差可能会是两类学校的差别，或者是否被录取的差别。本A（二本）和本B（三本）的差别就是几万元，这是最直接的成本，还没有计算其对人生的影响。

师：如果被老师发现又会有什么情况？

生：老师可能会没收手机，然后我会很生气，影响师生关系。

之前我告诉过她一个案例，某生在课堂上使用手机，手机被老师没收，然后学生一时冲动骂了老师，最后学生被家长带回反省。所以她很明白这个道理。

师：一旦师生关系受到影响，学生必然不会喜欢这个学科，这样会严重影响自己的学习，学习成本会成倍增加。如果老师不没收你的手机呢？付出的成本又会是什么？

生：可能自己会更加胆大，也会影响老师的威信，其他学生也可能效仿，严重影响班风。（学生的回答很规范，说明她对这个问题认识得很清楚，看来她使用手机不是不懂道理，而是有隐情）

师：我觉得你使用手机可能有你的原因，例如有朋友发来短信，自己忍不住要看。如果是自己特别期待的短信，侥幸心理占据上风，就会更加不顾学校的纪律，让自己"铤而走险"。你如此明白这个道理，那么以后你该怎么办呢？

生（看我表示了对她的理解，神情也变得轻松了）：我以后会注意不在课堂上使用手机了。

既然这个问题得到了解决，处罚她也不是最终目的，毕竟她没有在班里造成影响，我也就不追问了。但她戴首饰的问题还需要解决。

师：今天我发现你有一个很吸引人眼球的地方，就是你耳朵上的几颗闪亮的耳钉。你知道学校的纪律吗？

（学生点头）

师：爱美之心人皆有之，到这个年龄用一些方式来展示自己的成熟和个性也无可厚非，但这里是学校。咱们暂且不说学校纪律，只从美的角度来谈谈这个问题。下面我就直接说我的看法，希望你不要介意。

生：没关系。

师：我感觉你的肤色比较黑，而耳钉又太明亮，对比太鲜明，反而不好看。其实青春少女最美的是阳光和自信，是青春活力。这种太成人化的首饰并不能增加你的美感。

然后，我给她讲了一个故事。

珍妮是个总爱低着头的小女孩，她一直觉得自己长得不够漂亮。有一天，她到饰物店去买了只绿色蝴蝶结，店主不断称赞她戴上蝴蝶结挺漂亮，珍妮虽不信，但是挺高兴，不由得昂起了头，急于让大家看到，以致出门与人撞了一下都没在意。

珍妮走进教室，迎面碰上了她的老师，"珍妮，你昂起头来真美！"老师爱抚地拍拍她的肩膀说。

那一天，她得到了许多人的赞美。她想一定是蝴蝶结的功劳，可往镜前一照，头上根本就没有蝴蝶结，一定是出饰物店时与人相撞弄丢了。

师：我希望你用自信来赢得别人的赞赏，而不是简单地靠外物的附加。

学生点头认可，答应回去以后就把耳钉取下来。

【启智故事】

牧师的智慧

美国牧师诺曼·文森·皮耶尔在60多年的职业生涯中，凭借过人的智慧给很多人带去了希望。一天，一个中年男人找到皮耶尔牧师。"牧师先生，我这辈子没日没夜、辛辛苦苦地工作，可这期间我做出的事业接二连三地全都失败了。现在我失去了人生的一切，该怎么办呢？"

皮耶尔牧师拿出一张纸，平静地问道："您说自己失去了人生的一切？那么请您告诉我您还剩下的东西吧。您有夫人吗？""是的，我有一个毫无怨言、一直在默默支持我的妻子，她很出色。"

皮耶尔牧师在纸上写下"出色的妻子"，接着又问："您有子女吗?""是的,我有3个孩子,他们很善良,也很可爱。"

"朋友呢?""我有一些让别人羡慕的、有忘我精神的朋友。"

皮耶尔牧师在纸上写下"一些有忘我精神的朋友"。

"您的身体健康吗?"

"现在,我只对自己的健康有自信,还算不错。"

男人仔细端详着皮耶尔牧师写的那张纸,突然大声说:"牧师先生,真是谢谢您!我明白了!"

故事启迪

教师要想把学生教好,就要创造重视解决问题和团队合作的课堂,应该坚信自己能够改变学生的生活状态,竭尽全力在任何一个学生身上找到他的长处,而不是寻找学生的缺点。我们若能像牧师那样去指点,而不是训斥,不是拿自己的经历说事,而是站在学生的立场上,真心替学生着想,从而使学生自己醒悟、自己发现、自己明白道理,我们也许就是合格甚至优秀的教师了。

第30章

模仿卓越：用正面形象引导学生成长

【慧心慧语】

> 每个人降生到这个世界都被赋予了责任，即利用自己的天赋和才华去帮助别人，让世界因为你的存在而变得更加美好。一个人成功的标尺不是外在的成就，而是内在的自我画像：你想要成为怎样的人？

【案例导入】

我班有一个比较胖的男孩，同学们常拿他开玩笑，他认为这是对他的侮辱，想让父母给他转学。该生家离学校很近，父母不同意转学，因此他上课没有心思学习，总走神，搞小动作，找别的同学说话。他的学习成绩越来越差，经常完不成作业。我该如何引导他？

【方法探究】

从严格意义上讲，该生不属于传统的"搅局者"，但从配合教育的层面来讲，这种消极行为也背离了学生的成长规律，偏离了正常的教育轨道，所以我想来分析一下，以帮助更多的教师和学生。

对于这一类学生，最简单的方法就是点燃学生的自信心，而激发学生自信心的最直接途径就是榜样的力量。教师可以结合学生的具体情况，找一个曾有过类似经历而后来取得成功的人的例子，让学生模仿这个成功人士。

神经语言程序学有一个先决条件——认知，即人的神经系统都是相同的，如果某个人能做某件事，只要你用相同的方式，就能做同样的事。这种从他人身上准确地找出他取得特殊成就的不寻常过程，就称为"仿效"。

"仿效"是通往"卓越的捷径"，也就是说，如果我看见某个人做出让我心羡的成就，那么只要我愿意付出时间和努力，就可以得到相同的结果。

1. 选择一个"偶像"

每个孩子都有他特别羡慕的英雄，可以是历史名人，也可以是身边的人，还可以是小说或传说里的人物，甚至可以是卡通人物。有一次我根据学生的喜好借用了海贼王的形象，结果效果很好。找到这个偶像之后，让学生想象偶像的成就，这种成就会激励学生进步。

2. 引导学生设定一个具体的目标

这个目标可以根据偶像完成使命时的目标来设定。例如：残疾人刘伟依靠自己的不懈努力获得成功时的情景；××同学在歧视中奋发图强考取了名牌大学的情景。不管具体的目标是什么，都要引导学生想象偶像为实现这个目标做出的一系列努力，包括所遇到的困难。这个想象的过程可以适当长一些，让学生在大脑里构想一个短片，将图像拉近，并在脑海里播放这个短片，尽量让这个短片意义丰富、鼓舞人心。

3. 扮演角色

让学生自己扮演短片的主角，体会这个角色的价值观、目的、道德标准和使命。这个过程要反复强化，让学生在内心反复演练这个过程，尤其是获得成功时的感觉，并牢记在追逐目标时的感觉。在这个过程中可以适当问自己以下几个问题：

我的动机是什么？

我为什么要用这种方法来实现我的最终目标？

这个目标是否适合我的使命？

我在追逐这个目标时是什么感觉？

4. 重新做回自己

让学生根据体验对比自己和偶像有哪些相似的地方，在哪个环节还存在差距，思考如何弥补这些差距。

通过模仿卓越，帮助学生找回自信。当学生拥有了自信之后，其他的问题自然也就解决了。

神经语言程序学是模仿卓越的有效工具。个体可以模仿自己，更可以模仿他人；个体可以模仿过去的资源状态，更可以创造未来。

有人说这样去模仿别人，是不是意味着我们越来越失去自我了呢？

恰恰相反，模仿别人，目的在于发掘对方的优点、资源来形成自己的优点、资源，因为每个人的内在都有足够丰富的资源可以运用，只是缺少发现。模仿是发现自我的旅程，能开发内在更多的可能性。单纯的外在环境层面的模仿虽然肤浅，但是长期如此，也可以影响内在潜能的开发。

匹配更是如此，它是我们潜能的一部分。虽然看起来我们在匹配别人的过程中，暂时丧失了原有的身份、固有的信念、价值观和立场，但是实际上我们达到了最大的灵活。在神经语言程序学的信念中，灵活意味着更多的选择。

多了一分灵活，少了一分执着。

【应用实例】

1. 害怕演讲

生：老师，我很害怕上台演讲。

师：你到底是害怕什么呢？

生：我怕自己讲不好会被同学嘲笑。

师：你在宿舍里发表自己看法的时候会不会紧张？

生：不会。

师：面对小学生讲你的看法，会不会紧张？

生：不会。

师：你上讲台的时候就想象是在宿舍和同学说话，或者想象下面的同学都是小学生，而你是一个有真知灼见的成功者。这样你就不会紧张了。

生：可我还是担心我讲不好。

师：你比较喜欢谁的演讲？

生：李阳，他在台上潇洒自如，魅力四射。

师：你提前在下面模仿李阳的演讲，先把自己的演讲内容按照李阳的方式讲几遍。

最后，该生的演讲取得了成功，更可贵的是他克服了恐惧心理，变得越来越自信。

2. 我们该怎样为成功做准备

普通班的一个学生经常上课睡觉，班主任说很难和他沟通，每次和他交流，他总是一言不发；他还性格古怪，容易冲动，有一次和同学闹别扭，他竟然用刀子抵住对方。虽然叫了家长，但是效果不太明显。在征得班主任的同意后，我找该生谈话。

学生来到办公室，我让他坐下。学生双臂抱在胸前，一脸的严峻。我对他说："我不是来训导你的，我是想和你聊天，就像朋友一样，所以你要放松，尤其是要抛开你内心的抵触和防御心理。你现在这种姿态就是一种典型的防御姿态。你离开教室的时候是不是都已经想好如何对付老师的责问了？"

学生点头，不再抱着双臂。

师：很好，你再放松一点儿，随意一点儿，我保证我们说的话不让其他人知道，我只是想和你交流一下彼此的认识。我只要求一点，希望你说的都是你内心真实的想法，否则我们的谈话就失去了意义。

学生点头应允。

师：你总是上课睡觉，是不是对学习没有兴趣啊？

生：成绩好没什么用处，看看现在，很多大学生还不是找不到工作？将来混得好坏我认为主要看运气。只要运气好了，有没有大学文凭都一样。

学生的这个回答有一定的现实性，因为他说的现象的确存在，但其观点很偏颇。

师：你说得没错，这种现象的确有。咱先不说大学生失业问题，我问问你，运气你能把握吗？

学生摇头。

师：好像有一句话叫作运气总是青睐……（我略做停顿）

生（脱口而出）：有准备的人。

师：很好。你认为有准备的人是什么人呢？或者说，我们应该准备些什么呢？

生：增强自己的生活能力吧。

师：生活能力包括哪些呢？

生：做事能力、分析能力、沟通能力等。

在我的不断追问下，学生说出了更多的内容。

师：这些要素在哪里最容易实现？

生：大学，同学是人际关系的重要组成部分。

师：那么我们怎样才能进入大学呢？

生：好好学习，认真听课。

师：我给你讲一个成功人士的例子吧。你知道新东方的创始人俞敏洪吗？他现在很成功，你认为他是靠运气还是靠实力呢？如果说是运气，我不排斥，因为他有运气遇到了那么多能帮他的好同学。那么，让我们看看同学们为什么愿意帮他。用他的班长王强的话说，就是看在俞敏洪帮他们打了4年水的分上，他们才毅然放弃美国的高薪工作，回国无偿帮助他发展学校。他的运气不是偶然降临的，而是他的行为准备的必然结果。

学生点头同意。

师：中国有句俗话，"一个篱笆三个桩，一个好汉三个帮"。如果一个人随时都准备帮别人，那么他的朋友会有很多，当他需要的时候，大家自然也会帮他。相反，如果一个人平时看谁都不顺眼，和谁相处都闹别扭，你说运气会降临到他身上吗？

学生自然给出了一个合理的答案。

师：我看得出，你是一个有性格的人，也是善于思考的人，不然的话你不敢拿刀子对着同学，也不会思考大学生就业的问题。

生（不好意思地说）：那是闹着玩的，其实我也不敢。

师：有性格不错，关键是看性格往哪个方向发展，如果用你性格中的勇敢来战胜生活中的困难，那这样的强硬性格该有多好啊！

我越强调他有性格，他越说自己没有，不小心还笑了一下。我抓住这个机会说："你看你现在的笑容多么灿烂，很可惜我没有及时给你拍照，否则我可以把前后两张照片拿给你对比一下，看看你更喜欢哪个自己。作为老师，我特别喜欢看你灿烂的笑容。"

随着交流的深入，学生慢慢道出了他的想法，并且他的思维在不自觉中走向了我引导的方向。根据我的提问，他逐步总结出了一个人要成功需要具备哪些素质：有学习能力，要善于沟通等。这些认识慢慢取代了他之前的单一认识。当他改变了看法的时候，他的行为自然就会改变。之后，我在课堂上再也没看到他睡觉，虽然他偶有反复，但当我提醒他时，他还是会努力战胜自己。

3. 播放正面图像

月考后，一个曾连续获得年级第一名的女生这次意外落到第二。晚自习期间她忧心忡忡地来找我。

师：你是不是因为这次只考了年级第二名，心里很不舒服啊？

生：有一点儿，其实我也不是太在乎这次考试。让我不安的是，我担心高考会不会也这样。我记得以前听一位老师讲，很多学生平时成绩都很优秀，但高考的时候考得一塌糊涂。我真担心这种情况会出现在自己身上。

很明显，前面那位老师的话给了该生强烈的负面暗示（因此，老师们不要轻易在学生面前，尤其是临近大考的学生面前说这些容易产生负面情绪的话，因为一个人接受负面信息的能力远远大于其接受正面信息的能力。记得"非典"肆虐的时候，人人自危，其实据统计，感染的人数比例和中彩票的比例差不多）。看来我需要帮助她调整心理状态，如果她总是担忧，这样持续下去，担忧真的就会变成现实。

师：你喜欢什么体育项目？（转换话题，转移注意，然后再"曲线救国"。否则她会固执地坚持自己的看法，很难调整）

生：我喜欢跳水，尤其喜欢郭晶晶。

师：我也喜欢她，她身上有一种迷人的气质，尤其是她对待比赛的态度。

生（谈到自己的偶像自然很兴奋）：是啊，她特别迷人，比赛特别专注，动作特别完美。

师：知道她是怎样做到的吗？

（学生好像有所知，但又犹豫不决）

师：除了过硬的本领之外，她每次比赛的时候都能让自己的精神调整到巅峰状态。我记得有一个评论家这样评论刘翔：当他在全力准备比赛的时候，对外界基本上能达到完全忽视的程度，这个时候你跟他说话，他会没有反应。你知道这些优秀运动员此时都在想什么吗？

生：比赛的各种技术动作。

师：如果他们想的是我不要失误，千万不能失误，一旦我失误了怎么办，失败了大家会不会嘲笑我，你说这样想的后果是什么？

生：肯定会影响成绩的。

师：每个人的大脑里都会自动播放一些生活影片，影片的内容直接影响到你的情绪和精神状态。优秀的选手关键时刻都是在播放那些能激发潜能的影片，让自己的情绪、精力达到巅峰状态，从而全身心地投入到比赛之中。你来我这里之前大脑里播放的是什么影片？

生（恍然大悟）：我大脑里一直在播放平时优秀但最后高考失败的学生的影片，所以我提心吊胆，闷闷不乐。

师：现在请你换个影片，想想你高考以优异的成绩考取了自己心仪的高校，这个感觉如何？

生：感觉舒服多了。

师：你知道现在该怎么做了吗？

生：知道了，谢谢老师。

【启智故事】

立 志 为 先

他是一个冷酷无情的人，嗜酒如命且毒瘾甚深，有好几次差点把命都送了，他因为在酒吧里看一位酒保不顺眼而犯下杀人罪，被判终身监禁。

他有年龄相差才一岁的两个儿子，其中一个跟他一样有很重的毒瘾，靠偷窃和勒索为生，不久也因犯了杀人罪而坐牢。

另外一个儿子可不一样，他担任一家大企业的分公司经理，有美满的婚姻，养了三个可爱的孩子，既不喝酒也不吸毒。

为什么有同一个父亲，在完全相同的环境下长大，两个人却会有如此不同的命运？在一次私访中，有人问起造成他们现状的原因，二人竟给出了相同的答案："有这样的老子，我还能有什么办法？"

我们经常以为一个人的成就深受环境影响，有什么样的遭遇，就有什么样的人生。这实在是再荒谬不过了，影响我们人生的绝不是环境，也绝不是遭遇，而是要看我们对这一切抱持什么样的信念。

故事启迪

来自不同家庭的学生自然千差万别。但是，教师千万不要抱怨学生的不良家庭环境，环境虽然对学生一生的发展起着很大的作用，但并不是决定性的。真正起决定性作用的因素是学生的信念。更何况，我们无法改变学生的家庭环境。因此，教师应该意识到，对学生的教育，最重要的一点是教会学生立志，这是每一位教师的责任。学生心中的信念对其所起的作用比学生身处的环境要大得多。也许，我们以后每天见面应当相互问一句：今天，你教学生立志了吗？

第31章

坦然接受：应对学生的夸张赞美

【慧心慧语】

> 每个人都有着对美好事物和物质条件的追求和向往，而有形的物质来自无形的精神能量，精神能量的发展在于思想境界的提升和对情绪的释放。所以，改变命运，在于化解自我的执着，完成思想上的自我超越，疏通能量的阻塞，在获得能量提升的同时，让这无处不在的能量正常流动起来。

【案例导入】

一天，某女老师穿着新衣服去给初二某班上课，某学生说："老师，你今天真漂亮。"

该老师面无表情，不予理睬。

【方法探究】

学生的赞美，本来是拉近师生关系的好机会，教师只要说声"谢谢"即可，当然也可以根据具体情况来一个互动，这样师生关系会更融洽。可是该老师却面无表情，这是一个人自我价值感偏低的表现，说明她无法坦然从容地面对来自外界的赞美，甚至会在潜意识里有"我不配拥有"的想法。因此，教师想要从容地面对突然的夸张赞美，首先要提升自信心和自我价值感。

什么是自我价值感？自我价值感就是指个体看重自己，觉得自己的才能和人格受到社会重视，在团体中享有一定地位和声誉，并有良好的社会评价时所产生的积极情感体验。

为什么要提升自我价值感？我们胆小、懦弱，害怕被拒绝，缺乏自信和勇气，羞于接受外界的赞美等，其中一个主要原因就是自我价值感低。

提高自我价值感，其核心就是使自己喜欢自己。不曾拥有，如何付出？一个连自己都不喜欢的人，绝不可能喜欢别人，什么责任、爱心都是空话。

提高自我价值感，增强自信，关键是心态问题。

萨提亚在《我对自尊的宣言》中说："我是我自己。在这世界上，没有一个人完全像我。我拥有我的幻想、梦想、希望和害怕。""我拥有全部的我，因此我更能和自己熟悉、亲密。我知道某些困惑我的部分和一些我不了解的部分。但是只要我友善地爱我自己，我就能有勇气、有希望寻求途径来解决这些困惑，并发现更多的自己。"

萨提亚希望每个人看到生命中的期待和感受，看到真正的自我："当我们满足于对自己的行为负责，满足于成为好公民，甚至成功者的外在形象时，我们是否对自己的内在有所觉察，并对自己的感受负责？我们有能力接触内心深层的渴望吗？"

接受自己就是不要否定自己。否定自己的人也容易否定别人、妒忌别人，对别人的成就看不过眼。一个否定自己的人总会有强大的无力感，因为这个人的大部分力量都在那个被否定的"自己"里。

"我"不够好，这是事实，但是，无论怎样不好，你毕竟还拥有很多能力、知识、经验和潜质。更重要的是：没有了这个"我"，便什么都没有了。这个"我"就是基础平台，在上面盖什么高楼大厦都有可能。不接受这个平台的话，就无法把任何东西建筑起来。所以，必须肯定自己的能力，肯定做得好的部分，坚信每天都能有所进步。

"我"不够好，但是明天可以更好。人生本来就是这样的一个过程：每天都做到比昨天更好，每天有学习、有提升、有更多成功的快乐。

要建立足够的自我价值感，就必须重新肯定自己。这种肯定是无条件的，没有任何附带的合约。假如肯定是有条件的，你就不是真正爱你自己。如果你连自己都不爱，你又如何能够爱别人呢？只有当你真正爱自己的时候，你才会建立足够的自我价值感，你才能给予别人快乐。现在，请你写出所有有关你自己值得肯定、值得欣赏的能力与性格：

我欣赏自己的能力	我欣赏自己的性格

因此，最有效的方法是积极的心理暗示。

经常用自我激励的话提醒自己，久而久之，那些暗示便会融入身心，抑制消极心态，保持积极心态，形成强大的内动力。有效的言辞比如：

我喜欢我自己！

我是负责任的！

我是最棒的！

我一定要成功！

今天将有最好的事发生在我身上！

亦可根据自己的实际情况和需要而自我设定，总的目的就是增强自信，不怕失败。

下面是两个接受自己、肯定自己的方程式：

方程式一：感觉→尝试→经验→能力→（肯定）→自信→自爱→自尊

方程式二：多做→多做到→因多做到而得到肯定

当自我价值感得到提升，自信心得以建立，在面对学生的各种赞美时，教师就能够从容应对，坦然接受。

【应用实例】

1. 大胆秀一次

我才理了发，穿了一套西装，打了个领带，去上课。这套行头引起了学生的关注，我走进教室，学生"哇"声一片。我索性摆了个姿势，秀了一把，开玩笑地对学生说："怎么样，有点明星风范吧？"学生大笑。我又说："如果有点掌声，我会更开心。"于是掌声响起。

2. 寻找自我价值

我讲课讲到精彩处，学生要鼓掌。我说："想鼓掌就鼓吧，老师也很虚荣，也喜欢你们的掌声。"学生用掌声配合。我趁机说："知道吗？以前我是一个自我价值感很低的人。现在我找到了一个增强自信的办法。例如：我长得本来就已经对不起父母了，可还要站在讲台上吓人；但现在我这样认为，每当我大胆地站在讲台上的时候，我就很骄傲地告诉大家，我最大的价值就是帮助别人找到自信。你们个个都很优秀，有什么理由不自信呢？"

3. 我们有一位好老师

学习《师说》，谈及古代与当今师生关系的对比，我说："古人那是拜师，登堂入室是一种荣耀，程门立雪是一种虔诚，那时的学生怎么可能不尊重他的老师呢？而现在的学生是'被拜师'，进入学校，哪个人做你的老师不是由自己决定的。运气好的遇到一个你喜欢的，运气不好的就可能毁掉一生。"我话音未落，下面就有声音传来："我们太幸运了，遇到了这么好的一位老师。"

对于这个声音,我竟然采取了听而不闻的态度,继续我的即兴演讲,但过后感觉有些不妥,我没有给学生的赞美一个合理的回应,忽略了学生的感受,也没有及时表达我的看法。现在想来,如果这样回应会好些:

听你们这样说我很高兴,这是一个老师的荣耀。但我更欣赏你们学会了用感恩的态度来生活,虽然我知道我不是优秀的,但你们能够欣赏自己的老师,让我培养出了懂得欣赏、学会感恩的学生,从这一点来说就算我很优秀吧。

我想,如此回应既可以化解老师的尴尬,也可以正面引导学生。

【启智故事】

圣 人

一个土匪瘸着腿吃力地爬上山岭,走进树林,跪在圣人面前说:"啊,圣人,请你洗脱我的罪过。我罪孽深重。"

圣人答道:"我的罪孽也同样深重。"

土匪说:"但我是盗贼。"

圣人说:"我也是盗贼。"

土匪又说:"我还是个杀人犯,多少人的鲜血还在我耳中翻腾。"

圣人回答说:"我也是杀人犯,多少人的热血也在我耳边呼唤。"

土匪说:"我犯下了无数的罪行。"

圣人回答:"我犯下的罪行也无法计算。"

土匪站了起来,他两眼盯着圣人,露出一种奇怪的神色,然后他就离开了,连蹦带跳地跑下山去。

有人问圣人:"你为何给自己加上莫须有的罪行?你没有看见此人走时已对你失去信任了吗?"

圣人说道:"是的,他已不再信任我。但他走时已如释重负。"

这时,土匪正在远处引吭高歌,回声使山谷充满了欢乐。

故事启迪

在学生看来，教师就是他们心中的"圣人"，要想真正帮助每一个学生进步，教师就应该少些高高在上的架子，平等对待学生，告诉他们自己也很平凡、渺小，在小时候也常做蠢事、错事，也常被师长批评。这样不仅不会降低学生对教师的信任度，反而能够放飞学生的心情，增强他们学习的自信心！

第32章

语言模式：巧妙化解学生的搅局

【慧心慧语】

语言是思想的外衣，思想取决于内心与外界的思维模式。改变思维模式，就会改变我们的内心世界；改变内心世界，就会改变我们的语言模式；改变语言模式，就会影响他人的内心反应，从而达到我们希望的理想状态。

【案例导入】

今天讲完公开课，我心情很轻松，就与一个经常在课堂上说话的孩子聊了起来。我问他："你为什么每次上课都说话？能说说心里的想法吗？"他低着头站在那里，一声不吭，我又问了他几个问题："当你说话的时候，有没有想到自己是在为班级抹黑？"他摇了摇头。"那当你被老师点名的时候，有没有感觉不好意思呢？"他还是不说话。这时，我就有点火了，我本来只是想与他聊聊，想弄明白他为什么说话，但他无动于衷的样子惹怒了我。"你有没有想到，如果全班同学都像你一样，班里不就乱成一锅粥了吗？你是不是故意破坏课堂纪律的？"我连珠炮似的发问。他还是像木头一样站在那里。我忍不住大声质问起来："你到底是怎么想的？如实讲来！"他还是沉默。

【方法探究】

这次谈话的失败完全是由教师的语言模式应用不恰当所致。一开始，教师谈话的心情是好的，目的也是好的，没有一些教师盛怒之下的不理智，但谈话的最后结果是一肚子怒气，原因何在？我认为根本原因就是教师的语言模式应用不当。

① "你为什么每次上课都说话？能说说心里的想法吗？"教师说这句话的出发点是询问，但因为语言模式不当，学生的反应并未按照教师的预设进行。"为什么"用得不当，这样的句式既有责备的意味，也容易引导学生的心理回到犯错的状态，学生产生的内心反应是负面的，甚至会本能地寻找理由来为自己的行为辩护。这也就是很多教师和学生谈话时，把沟通变成争执的原因。"每次"这个词用得太绝对化，根据前面的介绍是"经常在课堂上说话"，所以听到"每次"的评价后，一般人都会本能地从自我防御心理出发，找出自己不说话的时候。因为这个学生被老师批评不止一次了，已做过辩护，但效果不好，很可能是换来更严厉的批评，所以学生的表现就是"低着头站在那里，一声不吭"。

② "当你说话的时候，有没有想到自己是在为班级抹黑？""那当你被老师点名的时候，有没有感觉不好意思呢？"这两句问话的语言模式也存在很大的问题（虽然很多教师已经习惯了这样的问话）。这样的问话包含了很坏的心理预设：学生是故意说话违反纪律为班级抹黑，为班级抹黑也没有感觉不好意思。这样的心理预设学生是能够感受到的，引起的心理反应是"我在老师心中是一个故意为班级抹黑，没有班级荣誉感，而且不知道羞耻的学生"，面对一个对自己有如此评价的教师，未成年的学生恐怕不会以平静的心情来回答教师的问题。试想，假设换成教师自己，面对这样的质疑，也不会心平气和地回应吧。胆小的学生会保持沉默，胆大的学生则会和教师对抗，到高中阶段还很有可能发生更激烈的争执。"你是不是故意破坏课堂纪律的？"这句话也包含了"故意"的心理预设，这样的心理预设同样会反作用于教师，

教师的语气不断加重，最后"忍不住大声质问"就是例证。

③教师对学生的反应明显属于猜测，这种错误的猜测导致了心理失衡。学生的沉默可能有很多原因，据我看来，这个学生沉默的原因是紧张，是不知道如何应答。"他还是像木头一样站在那里"，可见这时学生紧张到了什么程度。但是教师的理解是"用沉默来对抗"。一旦认定这个学生在无声地对抗自己，教师就会怒从心头起，火气越来越大。

因此，教师要有意识地关注一下自己的语言模式，看看什么样的语言模式有效，什么样的语言模式无效。

1. 少用"但是"句，多用"如果"句

根据大脑接收信息的习惯，人们往往会对后面的"但是"更关注。例如："你最近表现不错，但是学习态度还需要加强。"这样学生感受到的不是表扬，而是批评。如果非用"但是"，可以把前后的内容掉转。例如，可以把"我会努力提高成绩的，但是很困难"变成"我知道很困难，但是我会努力的"。这样表达的效果就不一样。

指出学生的不足时，我们可以用"如果"的句式来表述。例如："你最近表现不错，如果再多思考一下学习方法，我想你的进步会更快。"这样学生接受起来就会比较舒服，效果也自然会好。

2. 同样的意思从积极方面来表达

曾国藩把"屡战屡败"改为"屡败屡战"，不但没有受到惩罚，反而受到嘉奖，因句式不同，传递的信息就截然不同。经常有教师这样怒其不争地告诫学生："如果你不想学习，谁也帮不了你。"道理固然正确，但效果并不好。若换成"如果你努力学习，谁也阻止不了你进步"，这样传递的信息就是正面的，能给学生积极的心理暗示。

3. 多用从学生的角度思考问题的句式

例如，把"我觉得……"变成"你觉得……"，"我认为……"变成"你认为……"，这样学生就会积极主动地思考解决问题的办法。

4. 多问"怎么做"，少问"为什么"

这样的句式能把学生的注意力引向解决问题、关注成长。神经语言程序学强调，谈话的焦点应在"解决"上，而不是"问题"上。"对症下药"的思维模式让教师习惯于追根究底，不断追问学生"为什么"。其实，每个人都有一种自我保护的潜意识，这种潜意识会让学生把事情进行主观扭曲，把焦点放在不重要的地方，而把那些根本性的原因隐藏或淡化。

（1）"为什么"的语言模式

"为什么"是把学生的思维引导到犯错误的状态，直接引发的学生思维反应就是对自己行为的解释或辩护，这是一个人思维的本能反应。但解释或辩护的结果是激起教师更大的火气，常见的现象就是由了解情况的交谈变成相互指责或者人身攻击。因为"为什么"带有责备的意味，所以引起的对方的情绪反应也往往是负面的，这些情绪反应往往会成为双方交流的障碍。

（2）"是什么"的语言模式

"你想要什么？"这个问题可以把学生的思维引向他关注的目标，而关注目标就确定了谈话的正确方向；"什么对你是重要的？"这个问题可以让我们了解学生的价值观，同时引起学生更理性的思考；"什么能够让你停止实现目标？"这个问题有利于找到影响学生努力的原因；"什么样的资源可以帮助你实现目标？"这个问题可以引导学生积极地寻找有利的信息，提升学生的自信心；"这个目标能给你带来什么？"这个问题既能探索学生目标背后的价值观，又能调动学生的想象，以及在内心体验实现目标之后的价值和成就感，有利于促进学生的内在动机；"你从中能学到什么？"这个问题让学生与其分析错误，不如冷静下来，挖掘行为的积极因素，从而把错误变成成长的财富。这些就是有力量的提问。

（3）"怎么做"的语言模式

"怎么做"的语言模式是指向未来的思维，会让学生从过去的"问题状态"抽离出来，摆脱"问题"带来的负面情绪，也容易让学生有安全感。学生会积极思考改变的方法，力图证明自己是有能力的，这是指向教育目标的语言。教师和学生谈话的目的就是促进学生成长，所以不能把谈话的注意力放在过去，而应该放在现在和未来。优秀的教师会促进学生向未来迈进，而不是沉溺于过去的问题。因此，有力的语言就是让学生畅想未来，而不是寻找对过去的解释。这就好像自来水管漏水，只需要考虑如何修补，而不一定非要弄清楚漏水的原因。

5. 习惯用一些强力发问的句式

"你明白我的意思吗？""你认为是什么原因？""你说呢？""还有呢？""假设有，会是什么呢？"这些句式能够打开学生封闭的思想之门，有助于教师了解学生真实的想法。

6. 把"怎么可能"变成"怎么才能"

例如，把"以你这样的态度，怎么可能考上大学呢？"变成"你认为，怎么才能实现自己考大学的目标？"。

【应用实例】

1. 如何处理同学关系

生：老师，如何处理好同学之间的关系？

师：看来你遇到了难题，你是不是和同学发生矛盾了？

生（惊讶）：你怎么知道的？

师：之前你和这个同学的关系还是不错的，对吧？

生：是的，现在我们发生了矛盾，我不知道该怎样处理。

师：借你的话题，我就多给你讲一点儿交友之道。第一，要清楚总有一些人不喜欢你，同时也有一些你不喜欢的人。这是正常的。对这种人的基本方法就是"道不同，不相为谋"，让他从自己的生活中消失。第二，要修炼自己，让自己成为一个你喜欢的人。例如，你喜欢朋友真诚，首先你要真诚。总之，让自己成为一个可以做朋友的人。第三，善待你喜欢的人，不要让猜测成为沟通的障碍。很多时候，因为双方的人生经历、生活背景等不同，会对同一件事情产生不同的看法。这个时候需要明确表达自己的看法，准确知道对方真实的想法。切忌用猜测代替了解。因为这种猜测往往是恶意的，这样的恶意猜测会严重影响到你和对方的交往。

2. 学生请假却没回家

周五，一学生请假看病，我欣然应允，因为身体是最重要的。但是家长却告诉我，孩子没有回家，而是出去和同学吃饭了。于是，我找到学生问话。

师：你周五请假看病，有没有对我讲大话（谎话）？

生：我真的是看病去了。

师：但是你妈妈说你没有回家，而是和同学吃饭去了。

生：我是看完病去的，也没有告诉妈妈。

师：如果你是家长，知道孩子请假了却不知道去向，很晚才回家，你会怎么想？

生：会很担心。

师：具体说说，你担心什么？

生：担心交了坏朋友，担心饮酒后会做一些不理智的事情，担心会出什么意外。

师：当有这些担心的时候，家长的情绪会是什么样的？

生：会很生气。

师：回家后是不是家长严厉地批评了你？

生：是的。

师：他们批评你是因为很生气，他们生气是因为很担心你，他们担心你是因为什么呢？

生：因为他们爱我。

师：现在你理解父母了吗？

生：理解了。

师：再问你一个问题，你周日在家会不会学习？

生：不会。

师：周日休息是应该的，但我们是重点班的学生，想要考重点大学就要比别人多付出一些，这些要靠什么时间呢？很显然就是利用大家可能不利用的时间。再说了，如果你在家看书学习，家长看到之后会怎样？

生：他们会很高兴，很欣慰。

师：是啊，他们会认为自己的孩子终于长大了，有目标和理想了，内心会充满幸福和喜悦。当家长有这样的感受时，他们对你的态度会怎样？

生：对我说话会很温和，态度也会很好。

师：这样的态度是不是你内心渴望的？

生：是的。

师：想要得到这一切其实不难，只要我们改变一下在家休息的方式就可以了。你可以做到吗？

生：可以。

【启智故事】

"屡战屡败"与"屡败屡战"

清朝的曾国藩曾多次率领湘军同太平军打仗，可总是打一仗败一仗，特别是在鄱阳湖口一役中，连自己的老命也险些送掉。他不得不上书皇上表示自责之意,其中有一句是"臣屡战屡败,请求处罚"。有个幕僚建议他把"屡战屡败"改为"屡败屡战"。这一改,果然成效显著,皇上不仅没有责备他屡打败仗,反而表扬了他。

> **故事启迪**
>
> 不同的语言引发不同的感受,不同的感受产生不同的沟通效果。教师一定要注意自己的语言,对学生多一分关爱,少一分伤害;多一分鼓励,少一分打击;多一分温暖,少一分冷漠。

第33章

系统平衡：让教育方法更科学

【慧心慧语】

> 我们需要学会看我们指责的人给了我们什么，而不要将目光盯在他们没有给我们什么上。我们可能会抱怨父母没有给我们很多，抱怨他们不够完美，然后又惊讶地发现，我们身上也有父母的不完美。父母的不完美，其实是某种帮助我们理解自己的方式。

【案例导入】

某老师新理一发型，刚一进教室，就有学生忍不住笑了起来。该老师感觉很不舒服，但还是继续上课，结果因为心情不好而出现口误，有学生当场指出了老师的错误。该老师更加不爽，于是停止讲课开始对学生进行思想教育，批评学生缺乏基本的礼貌，结果引起了很多学生的不满。有的学生埋怨老师啰唆，耽误了正常教学；有的学生认为老师古板，缺乏亲和力。自此，该老师与学生的关系一直处于紧张状态，其教学成绩也不理想。

【方法探究】

1. 分析问题

我们先分析一下该案例中哪些环节出现了问题。

①教师的心态没有调整好。教师理了新发型，势必会受到学生的关注，有学生笑也是自然的反应，这个时候教师可以通过幽默或者自嘲的方式化解尴尬，展示亲和力，拉近师生之间的情感距离。遗憾的是，教师缺乏自我认同感，面对学生的发笑内心感觉不舒服，自然也影响了心情。

②教师讲课出现口误，有学生当场指出教师的错误，这在日常教学过程中难免会发生。只要教师承认自己的错误，表扬学生敢于指正教师错误的行为即可。遗憾的是，教师却把学生的这个行为当作缺乏基本礼貌来看待，对学生进行思想教育。这样的教育学生当然不会接受。

③教师忽视了课堂的主要作用，因为个别学生的行为而影响了正常的教学，这对全班学生来说都是一个极大的损失。因个别学生而影响全班，实在不是明智之举。

2. 处理问题

教师在处理很多问题时要考虑系统平衡原则。

系统平衡原则就是，当系统的某个部分发挥到极点时，可能会影响其他部分的运作，导致整个系统的效率被削弱。因此，留意整个系统的平衡是极为重要的。

系统平衡包括：

①本人内在的平衡：我是否身心一致、表里如一？案例中的教师属于很典型的身心不一致，自己不能接纳自己，内心处于负面情绪状态，自己的言行和内心世界不统一。如此，他和外界联系的时候必然会出现问题。

②考虑对方的平衡：我们在处理问题的时候，不能仅仅考虑自己的需要，还要考虑对方的需要，即是否给对方足够的空间，容许他有与你不一致的地方，只有这样才可能达到双赢。案例中的教师很显然没有考虑学生的感受，这样产生矛盾也就难免了。

③考虑整个环境的平衡：个体要考虑他的一个行为会给周围的人

造成什么影响，有没有损害到他人的利益。在整个系统中的利益都要考虑到，而不仅仅局限于双方的利益。这就是多赢原则：你好、我好、大家好，才是真的好。案例中的教师没有顾及课堂这个大环境，让全班学生的利益受到损害，因此失去了学生的信任。

根据系统平衡的原则，案例中的教师一开始完全可以通过幽默甚至自嘲的方式，和学生互动一下，调节气氛，化解自己的尴尬，与全班同学拉近关系。这样课堂气氛会轻松自然，教师上课的口误也许就能够避免。即使出现口误，教师也不妨大度一些，肯定并感谢学生的批评，不在这些小问题上大做文章，保证课堂教学有序进行。这样的教师同样会赢得学生的支持。

【应用实例】

1. 情理与制度

三个住宿生违纪，根据班规需要进行"停宿"处理，但三个学生的家离学校很远，强制执行会有很多麻烦，也不合情理；但不执行就会影响到制度的威严，会给班级管理带来后遗症。于是我告诉他们：给你们5分钟，看看你们能否商量出另外的方法来解决这个问题，要做到既消除对班级的负面影响，又不危害制度的威严。

生：写检讨并在班级公开道歉。

师：可以。但我从来不主张让学生写检讨，更不喜欢学生用一纸检讨来应付教师。但既然你们选择了这种方式，我尊重你们的选择。我希望这份检讨是发自内心的，是真正的自我反省。你们能做到吗？

学生很庄重地点了点头，说能做到。

师：另外，我要看看你们的表达能力，要让同学们听出真情实感。还有其他方式吗？

生：承担1个月的扫地、拖地工作。

师：也可以，但我要求你们保证质量，不能因为你们而让班级的卫生质量下降，能做到吗？

学生再次保证能做到。

师：这需要全班同学通过才可以，不是我说了算，是全班同学说了算，希望你们能用真诚打动全班同学。

2. 学生带外卖进教室

"老师，我们的教室都快成饭堂了。"下午 6:30，我刚要离开办公室回家，却听到学生如是说（学校规定不能带外卖进入教室）。

我来到教室一看，的确有几个学生在吃外卖。于是，我让吃外卖的学生一起到选修室去，他们有些迟疑，最后在我的强烈要求下还是来到了选修室。

师：知道我现在最生气的是什么吗？就是你们对我的要求一再拖延。我之所以让你们来选修室肯定有我的道理，但你们迟迟不来就让老师的管理打了折扣，这让我很生气。以后要做到令行禁止，即使你们有道理，也到这里来说，我错了我道歉。

学生点头应允。

师：是不是饭堂的饭菜不好吃啊？

生：也不全是，关键是太贵了。

师：哦，外卖肯定比饭堂的饭贵吧？

生：我们要的外卖是 3.5 元，而饭堂的饭菜要 5.5 元。

师：啊？如此便宜的外卖你们也敢吃啊！你们的父母知道了肯定不会让你们吃外卖的，多不安全啊！你们不是因为家庭条件不好吧？

生：也不是，饭堂的饭菜也不卫生，经常有头发等。

师：我不了解情况，我也没有义务为饭堂辩护。我本人也很少在饭堂吃饭，如果你们说饭堂的饭菜不好吃，我可以理解。虽然学校禁止叫外卖，但我认为更应该解决饭堂的问题，如果饭堂物美价廉，你们肯定不会买外卖的。饭堂的饭菜里面发现头发等也很正常，我们自己做饭有时也难以避免。但我有一点敢保证，他们用的食材绝对安全，而你们买的外卖口感可能很好，也便宜，但我很担心。你们知道他们用的是什么油吗？他们不会亏本卖给你们吧！

有学生小声嘀咕了一句"地沟油"。

师：我不主张你们叫外卖，但如果你们坚持买，我就提两点要求。第一，就是太便宜的不要买，根据我的了解，你们的经济条件都不错，父母不会因为2元钱而在饮食上和你们计较的，食品安全最重要。有些影响是慢性的，现在可能感觉不到。

师：你们叫的外卖里有没有猪肉？

生：没有。

师：知道我为什么关心这个问题吗？

生：我们班有新疆的同学。

师：对，吃什么是你们的权利，但尊重民族信仰也是国家的政策。他们不远几千里来到我们这里学习，我们最起码要尊重他们的信仰。不管你们吃的菜里有没有猪肉，至少做饭的厨具沾过猪肉，所以，即使你们买了外卖，也一定不要带到教室里来吃，而应该去饭堂里吃。这是我的第二个要求。你们能做到吗？

学生一致表示能做到。

我连续观察了几天，的确再没有学生把外卖带入教室了。

3. 化解师生矛盾

学生来告诉我，黄同学和物理老师发生矛盾了，请我过去一下。于是，我把黄同学叫到办公室。

师：先说说具体发生了什么事。

生：老师说我讲话，可是我根本没有讲话，所以我就不服了。

师：嗯，如果我没猜错的话，你肯定做了让老师感觉你没在听课的行为，对吧？

生：我就是对着窗口发呆。可是我根本没有讲话，老师说我讲话我不服气。老师还说要扣我的分、停我的课，这样说我，我当然会很生气。

师：嗯，你没有讲话，老师却说你讲话了，所以你感觉很冤枉，对吧？我们先换一个思维，老师为什么要叫你的名字？

生：让我听课。

师：提醒你听课是帮助你呢，还是批评你呢？

生：帮助我。

师：对于老师的帮助，你首先想到的不是感恩而是对抗，这说明你内心还有严重的思想垃圾。这个垃圾不清除就无法从根本上解决你的问题。而这个思想的形成和你初中的经历有关系，所以对于老师的提醒，你的第一反应是自我保护和对抗。你抓住老师批评你说话的漏洞来极力为自己辩护，并且听上去好像很有道理。我如果没有猜错的话，老师对你课堂表现提出的批评绝对不仅仅是针对这次的行为，而是你这一段时间的表现让老师对你的学习特别不满。你自己评价一下，这一段时间你的表现如何？

生：不是很好。

师：有没有上课乱讲话的现象。

生：有。

师：所以老师说你上课讲话，不是针对你这次的表现，而是针对你的综合表现。这种评价是老师对你的偏见，还是你应该得到的评价呢？

生：是我平时的表现造成的。

师：如果是这样的话，你认为老师冤枉你了吗？你现在最需要做的就是清除思想垃圾，此垃圾不除，以后还会作怪。请你到门口比较凉爽的地方，思考一下你下一步该怎样处理。

几分钟之后，学生回来了。

生：老师，是我的错，我要向物理老师道歉。

师：你准备用怎样的表情和语气来表达你的歉意呢？至少你目前的表情是不可以的。对这件事的处理可大可小。一般的处理方式就是先上报给学校，然后请家长，学生不服，家长有气，于是矛盾越来越大。类似的处理你见到过吧？

生：见到过，初中时很多事情就是这样处理的。

师：我的教育目标就是你真正有所改变，看待问题有正确的认识。只要你改正了，我可以不追究责任，也不处罚你。但关键还要看物理老师的态度，毕竟他是当事者，我要尊重他的意见。所以，你现在重点考虑一下该如何向物理老师道歉。你现在到物理老师的办公桌旁边等着，并且思考一下你的道歉方式。

事情的发展完全按照我的预料进行，物理老师看到学生态度真诚，也表示给学生一个机会。借机我又向他表示我的歉意，赞扬了他的胸怀。该教师也对班级进行了充分肯定，说只是个别学生的个别表现欠佳。就这样，一场危机被化解了。

【启智故事】

果树的奇迹

玛丽是一位业余园艺家。她在自己的花园里洒下辛勤的汗水，收获快乐的果实，那里的一草一木无不显示出她对植物的热爱。搬到南加利福尼亚州开辟新的家园后，她将新花园看作一次新的冒险，很快便投入到工作中去。

可是，不管玛丽如何精心打理，园子中央的一棵果树就是不肯结出果实。玛丽翻遍了身边所有关于果树栽培的书，想从中找到可以使果树开花的办法。她甚至连陪树聊天、给树唱歌、与树讲道理都尝试过，可惜全都失败了。

最后，她去请教了加利福尼亚州农垦局的一位专家。在仔细研究过专家的建议之后，玛丽发现大多数办法她都已经尝试过了，除了一个不可思议的提议：用扫帚柄击打果树的根基，以此来刺激它的根系。

考虑到邻居们看到一个70多岁的老太太用棍棒教训不结果的果树，一定会认为她老糊涂了，所以玛丽每次击打果树之前，都会左右巡视一番。她知道震动会传达到果树萎缩的根系，给予它生气和活力，可是她也不能确定，这种特别的办法是否能给她带来希望的果实。

来年春天，玛丽惊讶地发现，果树奇迹般地开花结果了。孩子们从此每年都可以享用到健康的纯天然果实。

故事启迪

当一个学生在某一时期成了玛丽"园子中央那棵不肯结出果实的果树"，如果教师能像玛丽那样，去查资料，请教有关专家，千方百计地想办法，让那棵不肯结出果实的果树结出果实来，扎扎实实地把所有的办法都付诸教育教学实践，那么我们一定会创造出奇迹。

第 34 章

灵活变通：丰富教师的教育方法

【慧心慧语】

> 如果你在做事时没有喜悦、自在和轻松的感觉，这并不意味着需要改变你正在做的事情，而是需要改变你做事的方式。如何做事，通常比做什么事更为重要。

【案例导入】

本学期开学第一周的第四天。上午第四节课时，初二（8）班的学生到音乐教室去上课。因为是开学后第一次上音乐课，所以，学生进入音乐教室后闹哄哄的。音乐教师王老师进来（王老师，女，平时认真对待音乐教学工作，注重对学生音乐素质的培养和性情的陶冶），看到学生还在吵闹，完全无视自己的存在，于是开始维持纪律。学生依然讲话吵闹。王老师走到第一排，用书拍了一下正在和最后一排同学讲话的小陈同学（男）。小陈不服，用手指着老师反问道："你为什么打我？为什么那么多同学都在讲话，你偏偏管我？你敢再打我一下试试看吗？"于是两人开始对峙，最后王老师被气得走出了教室，回到办公室大哭。

【方法探究】

案例中的王老师很显然缺乏和学生沟通的基本技巧，更不懂得灵活变通地处理各种问题。因为音乐课的特殊背景，学生无事可做，这时就会出现吵闹的现象。王老师只要把学生带入到享受音乐的意境当中，问题自然就迎刃而解了。王老师适当的提醒当然必要，但不是解决问题的根本途径。遗憾的是王老师舍本逐末，浪费了音乐课的时间，激化了师生矛盾，还显得自己教育无力。

神经语言程序学里有一个预设前提：并无难相处的人，只有不善变通的沟通者。孔子所说的"因材施教"，就是根据被教育对象的不同，采取灵活变通的形式，从而达到最终想要的教育效果。神经语言程序学里还有一个观点："有效果比有道理更重要"。如果只是抓住师生在这次矛盾中的"对"和"错"，那么很难辨别清楚，即使最后证明学生错了，这难道就是我们想要的结果吗？教育效果又在哪里呢？因此，灵活变通的一个前提条件就是瞄准"目标"，明确地知道自己的教育效果在哪里，哪些才是自己最关心的。

抗拒只是欠缺亲和感的信号。教师管理学生遇挫的时候，不要埋怨，这是学生在向教师传递信号：教师和学生存在情感距离。这个时候，教师可以借用前面讲的"情感银行"的方法，拉近和学生的距离，然后再找到解决方法。

在任何系统内，最灵活变通的人拥有最佳的成功机会，是最能影响大局的人。

时间、地点、人物以及每个人的经历等都有很多差异，如果教师不会根据需要灵活变通，那么处理学生问题时就只能处处碰壁。

【应用实例】

1. 我不是蒙娜丽莎

教师看到教室里纪律有点乱。

师：知道蒙娜丽莎吗？

生：知道。

师：她以什么出名？

生：微笑。

师：我不是蒙娜丽莎，不会一直对你们微笑。知道我什么时候会不笑吗？

生：你生气的时候。

师：什么让我生气？

生：有学生不遵守课堂纪律的时候。

师：很好，请检查一下自己有没有不遵守课堂纪律。老师一生气，后果很严重。

全班安静。

2. 提前来校的女生

一女生提前一晚来学校，而家长又不了解是为什么，就打电话给老师，于是有了以下的师生对话。

师：周日晚上不用上课，你却提前来学校。家长很担心你，给我打了很多次电话，知道他们为什么担心你吗？

生：不知道。

师：他们认为你说了假话，又不知道你为什么来学校，所以很担心。

生：我没有对他们说谎。

师：是的，你没有说谎，但是你只对父母说第二天要考试，这是真的；但你又没有说今晚不用上课，可以说这是你的聪明之处。可是你父母在心理上会自动补充一个环节：明天要考试，今晚要上学，所以孩子该去学校。当他们知道晚上不需要去学校的时候，就会认为你在说假话。你接受这个看法吗？

学生点头认同。

师：再加上你在拍拖，于是你父母就更担心你了。知道他们会担心些什么吗？

生：担心我的学习。

师：还有呢？

生：不知道。

师：他们会不会担心你交到不好的朋友？会不会担心你被骗、被欺负？

生：可能会。

师：当他们想到自己的女儿可能会被骗、被欺负的时候，他们心里会怎样想？

生：会非常担心我。

师：当他们焦虑、担忧的时候，会怎样对你说话？你喜欢这样的方式吗？

生：会很生气。我当然不喜欢他们这样说话。

师：那么你该怎样做呢？

生：把成绩提上去，让他们知道我在做什么，不要为我担心。

师：你认为现在你和那个男同学是在拍拖吗？

生：也许是吧，反正同学们都是这样认为的。我每天中午帮助他学习数学，我们的行为都是正大光明的，有时候他的班主任也在场。

师：你的观点就是保持现在的关系反正不会影响学习，所以老师、家长反对也不会改变你们对彼此的看法，对不对？

（学生点头）

师：我不支持拍拖，但也不认为男女同学关系一好就会天下大乱，到这个年龄有一个异性喜欢自己也是心理发育的需要。但是，老师想给你几点建议，你可否接受？

生：可以。

师：第一，你们现在的感情很不稳定，就好像儿童喜欢玩具，喜欢的时候是真喜欢，但也不会太长久，很可能过一段时间又会喜欢另外一个玩具。也许经过一段时间后，你或者他的感情会发生变化，这和花心、人格等没有多少关系。所以，你们的交往方式和距离要适当，不要让自己受伤。这是保护自己的最好方式。第二，你要明白你现阶段的主要任务，把对父母的理解落实到行动上，我们现在无力赡养父母，父母暂时也还不需要我们赡养，但我们起码不能让父母生活在恐惧、焦虑之中。

（学生点头）

注：在谈话过程中，我插入了"空椅子技术"和感知位置的方法，让学生的身体融入父母的思想，也即让她完全进入父母的思想和状态来与"女儿"对话，体验和感知父母的内心世界。虽然她没有说出我期望的话，但在我和她交流的过程中，她一直在流泪。

和学生谈这一类话题的时候，一定要注意环境，不能让对方有很大的心理压力，最好在一个相对独立的空间里谈话。教师还要注意，自己的声调、语速以及身体语言都要和谈话的中心一致。当学生情绪非常激动的时候，可以暂停；当学生哭得很厉害的时候就让她哭，教师可以递给她一些纸巾；当学生很抗拒的时候，要想办法让她放松。只有做好这些配套的措施，谈话才可能有效。

【启智故事】

丘吉尔的胜利

据说第二次世界大战以前，丘吉尔和德国的独裁者希特勒会晤，两人在花园中边走边谈。他们来到水池边，丘吉尔突然提议两人打个赌，看谁能不用钓具将水池中的鱼捉住。

希特勒心想，这还不容易！他马上拔出枪，朝池中的鱼射了几枪，可惜没有一发击中。希特勒只好无奈地说："我放弃了，看你的吧！"

只见丘吉尔不慌不忙地从口袋里掏出一把小汤匙，把池中的水一匙一匙舀到沟里。

希特勒大喊："这要等到什么时候啊？"

丘吉尔笑嘻嘻地回答说："这方法虽然慢了一点，但最后的胜利必然属于我。"

故事启迪

不管是巧方法还是笨方法,只要能解决问题就是好方法。很多教师总是固执地用自己认为"对"的方法来处理问题。也许在早些年这类方法是有效的,可是时代变迁,学生变化,如果还固守以前"有效的方法"而不知变通,那么这和"刻舟求剑"有什么区别呢?真正有效的方法也许看似笨拙,实则能够解决根本问题。就好像教育中的"批评"与"表扬"一样,前者可能痛快淋漓,后者可能不能产生立竿见影的效果,但真正注重培育学生内心世界的方法必然会取得最后的胜利。

第 35 章

重新编程：建立高效的思维模式

【慧心慧语】

> 过分把注意力集中到自己身上，过分在意自己在别人眼中的形象，过分看重自己对事情的主观感觉和强烈感受，都会让视野变得狭窄。缺乏不断引入新的视野从而不断更新自身的愉快经验，结果将会导致无聊之至、烦闷之极，生活就会变成一件难以忍受的事情。

【案例导入】

一位颇有经验的高级教师不断感慨：世风日下，学生越来越难教了。学生的很多行为他都无法理解和接受。他经常对学生发火，并进行批评教育，结果师生关系越来越紧张。

【方法探究】

我们无法左右他人的行为，但可以左右自己对问题的看法。这个世界是动态的，如果我们总是用过去的思维模式来看待日新月异的变化，那么就犯了"刻舟求剑"的错误。

图 5 是习惯性思想蓝图的反应模式。

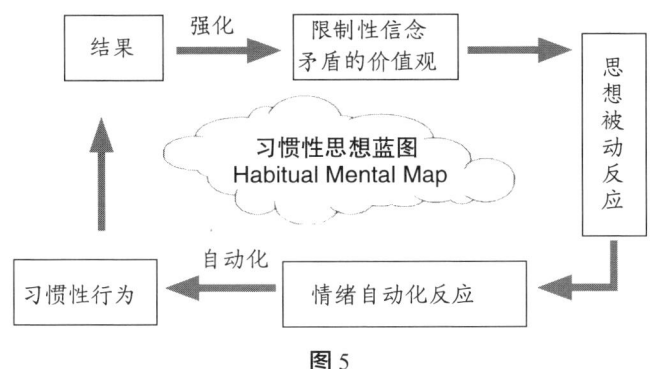

图 5

因为一些限制性信念和矛盾的价值观，人对外界的反应往往会呈现出被动的状态，这种被动反应会造成情绪自动化反应，例如教师的情绪会受学生行为的影响。这种情绪自动化反应直接呈现为习惯性行为，同样的行为造成相同的结果，这个结果反过来又强化了信念系统。如此循环，就很难让教育有所突破。案例中的教师就是处于这种反复循环的过程中。

那么怎样才能丰盛自己的思想蓝图，重新编写对外界认知的程序呢？

重新编程的起点就是改变自己的信念系统——往自己的大脑里装入新的信念系统。下面给大家提供几个神经语言程序学里比较有帮助的信念。

（1）尊重别人的内心世界。

（2）没有失败，只有回馈，或者说都是成功的过程。

（3）凡事必有至少三种处理方法。

（4）别人做得到，我也做得到。

（5）人都会做出他们认为最佳的选择。

（6）并无难相处的人，只有不善变通的沟通者。（抗拒只是欠缺亲和感的信号）

（7）人的行为不等于他的本质。（接受他的人，改变他的行为）

（8）所有人都拥有获得成功和达成理想效果所需的全部资源，需要提升的就是应用资源的能力。（没有无资源的人，只有缺乏资源的

状态）

（9）沟通的意义在于得到的响应。

（10）每个行为背后都有其正面动机。

（11）一个人没有优点，也没有缺点，只有特点。所谓的优点就是特点的善用，所谓的缺点就是特点的误用。

（12）没有垃圾，只有放错地方的资源。

清晰的价值观、积极正面的信念系统，这些都是正能量，会给我们无穷的力量，这样我们就会积极主动地去思考。例如：我们懂得了尊重他人的内心世界，就会包容学生；知道了每个行为背后都有正面动机，面对学生的"搅局"我们才能找准学生的真实想法。主动思考会让我们的情绪处于良性状态，然后选择负责任的、富有智慧的、高效的行为，这样的行为会产生良好的效果，这个效果反过来会验证并强化新的信念系统。如此就改变了我们对外界的认知模式，并建立起高效而积极的思维模式。当不断丰盛自己的思想蓝图（见图6），形成新的思维模式时，面对学生的各种"搅局"行为，我们就会越来越从容。

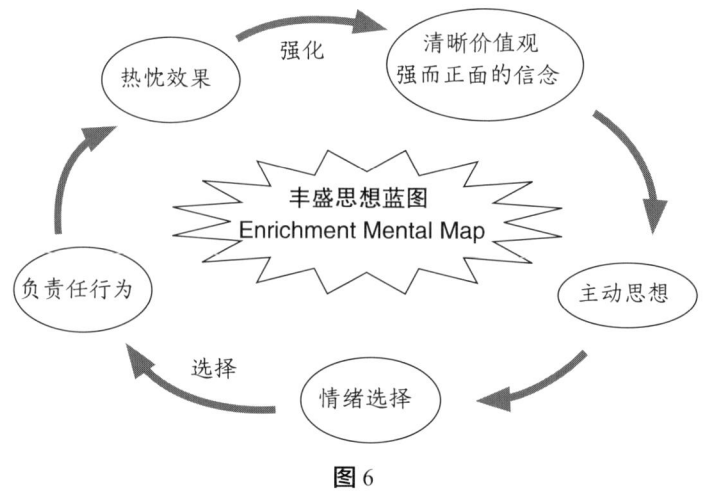

图6

【应用实例】

1. 不喜欢背书

生：我非常不喜欢背书。

师：你以前背书时，是不是经常挨家长尤其是妈妈的责骂？

生：是的。

师：这种责骂停留在你的潜意识当中，每当你开始背书的时候，潜意识就告诉你自己又要挨骂了，所以你就不能专心背书了。而你背诵物理、化学公式很快，因为潜意识告诉你自己又要受表扬了。前者你认为是不可能背会的，所以背得很慢；后者你认为很快能背会，所有的精力都集中到如何背会上，所以背得很快。

师：你回家后，主动找妈妈检查你背书。你先很夸张地说内容很多，背诵很难，自己争取在10分钟之内背会，然后把你已经背得很熟悉的内容背诵给妈妈听。你妈妈肯定会很高兴，会表扬你。用这种愉快的感觉来慢慢改变你之前的不愉快感受，也许你就会慢慢地喜欢背书了。

2. 被同学嘲弄之后

晚自习的时候，一位我曾经教过的后来分到其他班的学生来找我。

生：老师，最近我很不想回学校，也害怕回学校。

师：看来学校的生活让你很不开心。

生：是啊，其实我还是很喜欢上学的。但分班之后，我和同学们都不太熟悉，有些同学让我很讨厌，所以每次周末回家之后，我都不太想回学校。

师：是啊，谁都不愿意走进不愉快的生活。那有没有让你感觉愉快的生活空间？

生：我在外面上专业课的时候，和那些同学玩得比较开心。

师：能具体说说吗？

生（进入愉快生活的回忆，满脸笑容）：大家一起讨论问题，一起开玩笑，总之玩得比较开心。

师：有志同道合的感觉。

生：对，就是这种感觉。

师：学校的生活又怎样让你不愉快呢？

生：有些同学见了我，总是用嘲弄的语气叫我，我又不愿意和他们计较，所以很不开心。

师：也就是说，是这些同学让你不愿意回学校的，对吧？

生：可以这样说。

师：你怎么确定他们叫你就是嘲弄你呢？你又是怎样回应他们的？

生：我不理他们。

师：你有没有感觉到你的不理睬其实是对他们的轻视？

生：有点，我看不起他们无所事事的样子。

师：其实你这样的回应也是对他们的伤害。也许攻击你是他们取得心理平衡的一种方式。

生：可我总不能为了迎合他们而浪费我的时间吧。

师：可是你很在乎他们。他们的行为已经影响到你的生活。你有两个选择：不在乎，不会因为他们的行为而生气；或者想办法融洽关系，让自己生活在一个愉快的环境中。

生：和他们搞好关系太浪费我的时间，可是他们的行为却让我很不舒服。

师：那就转移一下你的关注点。我给你讲一讲马斯洛的需要层次理论。第一个层次就是生理和生存的需要；第二个层次就是安全和稳定的需要。你现在遇到的是第二个层次的问题。这两个需要往往关注个体生活，也容易引发矛盾和冲突、烦躁和不安。第三个层次就是被认同、被接纳的需要。第四个层次是被理解和重视的需要。这也是你在学习专业课时感觉愉快的原因。因为在那里你感觉展示了自己的才华。

生：好像是这样，所以我想找你来倾诉一下，我感觉只有你才理解我。

师：第五个层次是自我实现的需要。我希望你目前把注意力转移到自我实现上来。一个人关注的层次越高，内心就会越愉快、和谐、宁静。

生：听你这样一讲，我感觉舒服多了。

师：你再想想，一年之后，你拿着名牌大学的录取通知书的时候，这些嘲弄你的人会怎样看你呢？你的感觉又是如何呢？目前的不愉快是否还会那么强烈呢？

生：他们应该会羡慕我。我也感觉自己很了不起，当时的不愉快都是浮云。

师：现在你知道该怎么做了吗？

生（满脸笑容）：知道了。我再也不会为这样的小事而不开心了，我会安心学习，实现我的理想。

3. 学生不满科任老师的教学

今天班会课，我让学生进行中段考总结，安排了几个学生发言交流学习经验。其中一个学生负责对某个学科的整体学习情况进行总结，在总结中该生多次强调我们不能把成绩不理想归咎于科任老师的教学，学习是我们自己的事情。但从中我还是感受到了学生私下的议论和对该老师教学的不满。事情已经摆在了台面上，我不能回避，但一味地替科任老师开脱又不能说服学生，更不能跟着学生来埋怨科任老师。于是我做了如下演说：

对于某某学科的教学，我是一个门外汉，我无权点评老师教学的好与坏，但我也不批评你们，毕竟每个人都期望有一个自己喜欢的老师来教自己。但我想，我们不能把自己的命运全部寄托在别人身上，并埋怨别人不了解自己。其实我也希望国家总理能了解我，最好直接把我安排在教育部部长的位置，那多好。可是可能吗？

学生大笑，有的说"可能"。

我接着说：

如果想要实现这个目标，只有靠我自己的努力，不能埋怨总理不认识我。再给大家举两个例子。我的一个同事读了研究生，平时无法给学生上课，只有周末回去给学生补课，结果他教的两个班的语文成绩在每次考试中都名列前茅。后来他回去全职教课，学生的成绩不升反降。原来，老师不在的时候，学生有一种紧张感，语文课上都充分发挥自己学习的主动性，结果效果不错。老师回来了之后，学生心理上有了依靠，不再紧张，所以成绩下降了。

我还有一个同事，上课很随意，也不讲究教法，结果他培养出了几个高才生，还有一个语文状元。后来这个状元学生说："老师给了我充分的自由，让我尽情地发展。"看看，老师"不善教"在该生那里竟然成为他自由发展的优势。

如果你们不喜欢某某学科老师的教学，不要埋怨，你可以这样认为：上帝给了我一个绝妙的培养自学能力的机会。也许这种自学能力能陪伴你一生，是你终生享用的财富。

学校的教育有其特殊性，学校也绝对不会根据某个学生的喜好来调整科任老师。对于老师的教学方法有支持有反对，这很正常。我不做评价，因为我也不懂。但我可以肯定的是，该老师非常敬业，至少比我敬业，能遇到如此敬业的老师也不容易。

即使有同学坚持自己的看法，不喜欢该老师讲课，那么我劝你也不要因为老师的"不是"而惩罚自己，不能放弃该科的学习。老师还可以教下一批学生，而你只上一次高中。

最后，我再告诉你们一句话：接受不可以改变的，改变可以改变的。改变我们的认识态度，挖掘其中的积极因素，充满动力、充满阳光地去学习。

【启智故事】

罗斯福的坚韧

美国总统罗斯福小时候是一个胆小的学生，在课堂上总显露出一种惊惧的表情。他呼吸时总像喘大气一样。如果被喊起来背诵课文，他立即就会双腿发抖，嘴唇也颤动不已，说起话来含含糊糊、吞吞吐吐的，说完就颓然地坐下来。由于牙齿暴露，他经常觉得自己很难堪。

年少时的罗斯福很敏感，常会回避同学之间的任何活动，不喜欢与人交往，是一个只知自怜的人。然而，他虽然有几个方面的缺陷，却有着奋斗的精神——一种任何人都可以具有的奋斗精神。事实上，缺陷促使他更加努力地奋斗。他没有因为同伴对他的嘲笑而减少勇气。他把喘气的习惯变成了一种坚定的嘶声。他以坚强的意志咬紧自己的牙床，使嘴唇不颤动，从而克服自己的惧怕。

没有一个人比罗斯福更了解自己，他清楚自己的种种缺陷，从来不欺骗自己，认为自己是勇敢、强壮或好看的。他用行动来证明自己可以克服先天的障碍而得到进步。

凡是他能克服的缺点他便克服，不能克服的他便加以利用。通过演讲，他学会了如何利用一种假声来掩饰他那无人不知的龅牙，以及他的打桩工人般的姿态。虽然他的演讲并不具有任何惊人之处，但他不会因自己的声音和姿态而遭到失败。他没有洪亮的声音或者威严的姿态，不像有些人那样具有惊人的辞令，然而在当时，他却是最有力量的演说家之一。

由于罗斯福没有在缺陷面前退缩和消沉，而是充分、全面地认识自己，在意识到自我缺陷的同时能正确地评价自己，不因缺陷而气馁，甚至将它加以利用，变为资本、扶梯而登上名誉的巅峰，所以在其晚年，已经很少有人知道他曾有严重的缺陷。

故事启迪

积极的人，像太阳，照到哪儿哪儿亮；消极的人，像月亮，初一十五不一样。想法决定了我们的生活，有什么样的想法，就有什么样的未来。教师要拥有正能量，多给学生一些正面的影响和引导，教给学生用正思维、正见解来看待生活。当教师用这种高效的思维模式来处理问题的时候，很多问题就变得简单了；当学生用这些高效的思维模式来看待生活的时候，他们的问题自然也就少了。

万千教育 教育理念与实践系列

书号	书名	著、译者	定价(元)
1139	如何当好教研组长——中小学教研组长专业素养与行动	杨向谊 著	36.00
1566	教导主任工作问题案例集	黄银美 主编	42.00
1471	闪闪发光的故事：童书阅读与欣赏	周益民 著	32.00
0801	故事、儿童和作家的秘密——走近儿童阅读	周益民 著	32.00
0163	童年爱上一本书——教师、父母如何伴读	周益民 著	28.00
1564	教育：一场惊人的旅行	史金霞 著	62.00
8931	重建师生关系	史金霞 著	42.00
9906	教师怎样少做无用功？——高效能教师必备法则	王晓春 著	32.00
8557	王晓春给青年教师的100条建议	王晓春 著	28.00
0734	怎样评价学生才有效——促进学习的多元化评价策略	陶志琼 译	48.00
8771	教师怎样说话才有效	李进成 著	32.00
0540	从生活中悟教育智慧——教育隐喻启示录	严育洪 著	36.00
0035	重构教师思维——教师应知的28条职业常识	刘祥 著	32.00
9746	教师职业生涯十大误区	茅卫东 著	27.00

9554	"偷师"杜威 ——开启教育智慧的12把钥匙	邱　磊　主编	35.00
9137	跟禅师学做教师	谢　云　著	28.00
8952	教育管理学：理论与实践（新版）	朱志勇　等　译	88.00
8574	魅力男教师修炼36计	林华民　著	29.00
8601	破解挑战教师智慧的42个问题	宁　杰　郑立平　著	36.00
8564	零距离英国教育	唐彩斌　等　著	35.00
7615	零距离美国课堂	王　文　著	28.00
8604	一位青年教师的专业成长之路 ——王君专业求索笔记	王　君　著	32.00
8271	让教师偷着乐 ——校园幽默笑话396则	唐劲松　主编	18.00
7927	教师兵法	刘坚新　编著	28.00
7866	老师好好学习，孩子天天向上 ——"麻辣教师"邓睿手记	邓　睿　著	25.00
7704	心与心的约会——孙明霞的生命化课堂	孙明霞　著	28.00
7281	教师时间管理策略	张迪帆　译	22.00
7334	初为人师第一年（中学版） ——新教师的50个第一次	张彩云　主编	30.00
5655	从教第一年——新教师职场攻略	赵　丽　等　译	45.00
5551	实证教育方法	肖　艳　等　译	35.00
5088	培养中小学生的创造性——理论与实践	胡清芬　等　译	16.00

……

欲了解更多图书信息，请登录：www.wqedu.com
联系地址：北京市西城区三里河路6号院2号楼213室　万千教育
咨询电话：010-65181109，65262933

*本目录定价如有错误或变动，以实际出书为准。